the elephant in the room

No 13

Spring

Inhalt
Content

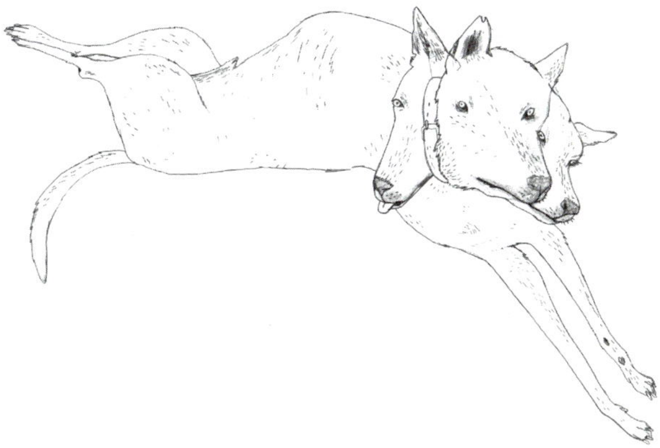

Vorwort
Foreword

Früher dachte ich, der größte Luxus meiner Kindheit sei mein Game Boy gewesen. Heute sage ich, dass es mein gleichberechtigtes Elternhaus war. Mein Vater nahm für mich Erziehungsurlaub, während meine Mutter arbeiten ging, und auch die Hausarbeit wurde geteilt. So konnten meine beiden Eltern gleichermaßen nicht kochen.

Mir wurde erst nach und nach bewusst, dass die gesellschaftliche Realität anders aussieht und wie sehr man auch von ihr geprägt wird. Soziale Erwartungen spielen eine große Rolle und machen es einem manchmal nicht leicht, die eigenen Wünsche zu erkennen.

Um herauszufinden, wie man am liebsten leben möchte, muss man zunächst die Möglichkeiten kennen. Je mehr verschiedene Lebensentwürfe man sieht, desto leichter fällt es, den passenden für einen selbst zu finden. Deshalb waren für mich Geschichten von Frauen immer wichtig. Sie dienen als Vorbild und Inspiration für die eigene Lebensgestaltung oder manchmal auch als Abschreckung.

In diesem Sammelband findet man jede Menge Anregungen. Acht indische und acht deutsche Comiczeichnerinnen erzählen vom Leben als Frau, von ihren Rollen und ihren Entscheidungen. Es sind kleine und große Geschichten, manche detailliert, manche abstrahiert. Doch es sind interessanterweise weniger die Unterschiede als die Gemeinsamkeiten, die einem ins Auge springen. Es geht häufig um die Fragen, die sich fast alle Frauen irgendwann einmal stellen: Was erwarte ich in Partnerschaften? Bekomme ich Kind und Karriere unter einen Hut? Und bekomme ich vielleicht auch kein Kind und keine Karriere unter einen Hut?

So sehr sich die Fragestellungen auch ähneln, die Antworten fallen unterschiedlich aus – im Leben wie auch in diesem Sammelband.

Die Werke dieser 16 Künstlerinnen sind voller Humor, Klugheit und Scharfsinn. Ihre Bilder sind so ausdrucksstark, dass man das Buch nicht ins Regal stellen, sondern an die Wand hängen möchte. Es ist daher nicht nur eine Inspiration, sondern auch eine große Freude, wie sie uns durch ihre Kunst an ihren Erfahrungen teilhaben lassen.

Katja Berlin

I used to think that the greatest luxury I had during my childhood was a Game Boy. Today, however, I would say that it was growing up in an egalitarian household. My father took extended leave off his job to take care of me while my mother went to work and both shared responsibility for domestic tasks. Neither of them was an exceptional cook.

I only gradually realised that the societal norm was different to how we lived and then became aware of the impact this had. Social expectations are crucial and often make it difficult to acknowledge what one really wants.

To find out how you would really like to live, you have to find out what possibilities exist. The more one becomes aware of the possibilities that exist, the easier it is to decide what is most suitable. That's why women's stories were always important to me. They serve both as examples and inspiration for how one can make one's way, but also as a deterrent.

This collection of stories contains a number of possibilities of how a woman can live her life. Eight Indian and eight German female cartoonists deal herein with life as a woman, the roles women take on and the decisions they make. There are shorter and longer stories; some more detailed, some more abstract. Interestingly, it is less a case of differences than similarities that abound. Often, the issue at hand is one that most women have to make at some juncture: what can I expect from a relationship? Can I balance having a child and my career? Perhaps I won't have either – neither a child nor a career – to balance?

These issues are shared ones, yet the answers vary, both in real life and in the stories contained herein.

Each of the 16 comic artists' works are chockfull of humour, wisdom and brilliance. Their images are so full of expression, that the book belongs hung on a wall instead of being placed on a book shelf. From that perspective, the art these women realise are not only an inspiration, but also provide insights into each woman's experiences.

Katja Berlin

Katja Berlin:
Autorin (u.a. „Gefühltes Deutschland", „Torten der Wahrheit"), Twitterin, Bloggerin und Feministin.
Author (among others 'Gefühltes Deutschland', 'Torten der Wahrheit'), twitter user, blogger and feminist.

HARD WORK
MAKING SEXYFACE
....

Es ist Frühling in Indien,

als wir acht deutsche Zeichnerinnen uns mit acht indischen Zeichnerinnen im südindischen Nitryagram treffen, um gemeinsam an der vorliegenden Ausgabe von SPRING zu arbeiten.

Schon zwei Jahre zuvor hatte das Goethe-Institut in Neu Delhi einen Comic-Workshop für indische Künstlerinnen organisiert, der von Larissa Bertonasco, Ludmilla Bartscht und Priya Kuriyan geleitet wurde. Die interkulturelle Zusammenarbeit gefiel Larissa so gut, dass sie die Idee einer gemeinsamen SPRING-Publikation entwickelte und umsetzte, und zwar diesmal auf Augenhöhe und basisdemokratisch, wie wir es seit Jahren in unserer Gruppe praktizieren.

Wir wohnten alle zusammen in einer Schriftstellerresidenz etwa 30 km außerhalb von Bangalore. Das Haus befindet sich auf dem Gelände von Nrityagram, einer Tanzschule für klassischen indischen Tanz. Das große Areal mutet paradiesisch an, unterschiedliche Gebäude liegen in der Art eines Dorf darauf verstreut, eingebettet in Gartenanlagen, die auch als Anbaufläche für Obst und Gemüse bewirtschaftet werden.

Unsere gemeinsamen Tage waren geprägt von intensivem Austausch, Gesprächen in großer und kleinerer Runde. Die beiden Hunde Guru und Swami besuchten uns gerne, sie dösten neben uns im Schatten bei angenehmen 30°. Jede skizzierte ihre Geschichte, und stellte sie zur Diskussion, morgendliche Zeichenübungen und eine ausgewählte kleine Comicbibliothek sorgten für Inspiration.

Unser Arbeitstitel war „role models", was auf englisch sowohl die Bedeutung „Vorbild" als auch „Rollenmodell" hat. Wir wollten bewusst unsere Rolle als Frau in unseren

verschiedenen Gesellschaften reflektieren, und indische und deutsche Erfahrungen nebeneinander stellen. Unser finaler Titel wurde dann „The Elephant in the Room": Diese Redewendung bezeichnet einen offensichtlichen Umstand, den anzusprechen allen unangenehm ist.

Während Frauen in Deutschland vergleichsweise selbstbestimmt leben können und ihnen viele Möglichkeiten offen stehen, ist die Situation in Indien, einem Land der Widersprüche, wesentlich komplexer. Der rasante wirtschaftliche Wandel hat auch Einfluss auf die Stellung der Frau innerhalb der indischen Gesellschaft. Sozialbeziehungen verändern sich, die Liebesheirat setzt sich durch, Frauen machen Karriere in Wirtschaft, Politik oder Kultur, die Frauenbewegung ist stark. Aber das gilt längst nicht überall und für alle in Indien. Sexuelle und häusliche Gewalt, Vergewaltigung und die Tötung weiblicher Föten sind noch immer ein sehr großes Problem. Dazu kommt die tief verwurzelte Ungleichheit zwischen den Kasten und Gesellschaftsklassen.

Doch hat sich in den letzten Jahren etwas verändert, berichteten die indischen Kolleginnen: Diskussionen um Geschlechterfragen und Gewalt gegen Frauen werden nicht mehr leichtfertig unter den Teppich gekehrt. Und die Diskurse werden oft von jungen Frauen mit unterschiedlichen kulturellen und religiösen Hintergründen geführt.

Die Unterschiede unserer Lebensumfelder waren Inhalt abendfüllender Gespräche, doch zeichnete es sich dabei vor allem auch ab, wie viel Gemeinsames es ist, das uns beschäftigt und verbindet. Fragen zu unserem Selbstverständnis als Künstlerinnen und Frauen und dem Verhältnis von Freiheit und Verantwortung stellten sich im Austausch miteinander deutlicher und dringlicher als je zuvor.

Die letzte Nacht vor der Heimreise lagen wir alle zusammen auf den Steinen des Amphitheaters, in denen die Hitze des Tages nachglühte und uns den Rücken wärmte. Wir schauten nach oben in den mondhellen Himmel, beobachteten die Wolken und ihre sich verändernden Formen. Die Struktur auf der Oberfläche des Mondes schien etwas gedreht, verglichen mit der Ansicht des Mondes, die wir aus Europa kennen.

Die SPRING-Gruppe dankt: der Stiftung maecenia und dem Goethe-Institut für die finanzielle Unterstützung, insbesondere Ute Reimer-Böhner und Sohani Sachdeva (Goethe-Institut New Delhi) für die organisatorische Hilfe, Isabelle Erler für die Antragsunterstützung, Sandra Meifarth für Layout, Geduld und dauerhaften Überblick, und nicht zuletzt der Initiatorin Larissa Bertonasco, zusammen mit Priya Kuriyan, ohne deren unerschöpfliches Engagement für die Gruppe dieses Projekt nicht möglich gewesen wäre.

It was springtime in India,

when eight of us German cartoonists met with eight Indian colleagues in Nitryagram (in southern India) to create this joint edition of SPRING. It all started two years ago when the Goethe-Institut New Delhi organised a comic workshop for Indian women cartoon artists which was led by Larissa Bertonasco, Ludmilla Bartscht and Priya Kuriyan. Larissa was so enthusiastic about the intercultural collaboration that she developed and realised a joint volume of SPRING with all of the participants collaborating on an egalitarian basis in the spirit of direct democracy as we had done over the past years as a group, to realise this publication.

We lived together at a place for writers' residencies around 30 kilometres from Bangalore. The building is on the site of Nrityagram, a school for classical Indian dance. The huge property felt like paradise: different buildings scattered around the complex like in a village with gardens in between where fruit and vegetables were grown. Our time together consisted of intense interaction, discussions among the entire group or among a few participants at once. The two dogs that belonged to the compound, Guru and Swami, liked to visit us, and took their naps next to us in the shade, where it was a pleasant 30° C. Each woman drew her story and presented it to the group, resulting in ample discussions. Every morning, we realised drawings together and a small library for comics provided considerable inspiration.

Our first working title was "Role model" – which in addition to its literal meaning in English also conveys the meaning of "setting a pattern". We wanted to make conscious reference to our roles as women in our respective societies as the idea was to juxtapose Indian and German women's experiences. Our final title "The Elephant in the Room" is an English expression, that describes an important and obvious fact that no one wants to talk about as it is considered uncomfortable.

While women in Germany seem to live relatively self-determined with many possibilities in a non-homogeneous country like India, things are a little more complex. India is a nation of paradoxes and women in India today, reflect that paradox. Rapid economical changes have a strong

impact on womens' role in Indian society. Social relations change, love marriages gain acceptance, women pursue careers in economy, politics or cultural affairs – the women's movement is generally strong. But this does not apply everywhere and for everyone in India. Sexual violence, domestic violence, rape and female foeticide continue to be a huge problem. Deeply entrenched inequities of caste and class add to the complexities of conversations around gender and choices for women in India.
What has changed over the past few years though, is that conversations around gender and violence against women – which are often lead by young women of diverse cultural backgrounds and faiths – are no longer easily brushed under the carpet.
The differences of our living environment filled whole evenings of lively discussions, but it showed also how much we have in common that matters to us and connects us. The question of our identity as female artists and the relations between freedom and responsibility was more and more relevant in our discussions than ever before.
On the last evening before we headed home, we laid on the stone floor of the amphitheatre in which the heat of the day could still be felt, and warmed our backs. We gazed up at the sky which was illuminated by the moon, and beheld the clouds as their shapes shifted. The texture that could be seen on the surface of the moon appeared twisted, somehow different from the familiar view from Europe.

The SPRING group would like to thank the maecenia Foundation and the Goethe-Institute for financial support, particularily Ute Reimer-Böhner and Sohani Sachdeva (Goethe-Institute New Delhi) for their organisational support, Isabelle Erler for her help regarding applications, Sandra Meifarth for the layout, her patience and staying on top of things, and finally the initiator Larissa Bertonasco, along with Priya Kuriyan, without whose inexhaustible commitment to the group the project would not have been possible.

Ein paar Fragen

IS IT GOOD, TO FOLLOW
ONES NEEDS ?

Ist es gut, seinen Bedürfnissen zu folgen?

IS BLUE A FLATTERING COLOR?

Ist blau eine schmeichelnde Farbe?

IS IT USEFUL TO HAVE A HUSBAND?

Ist es nützlich, einen Mann zu haben?

IS IT NECESSARY TO
MAKE MISTAKES ?

Ist es notwendig, Fehler zu machen?

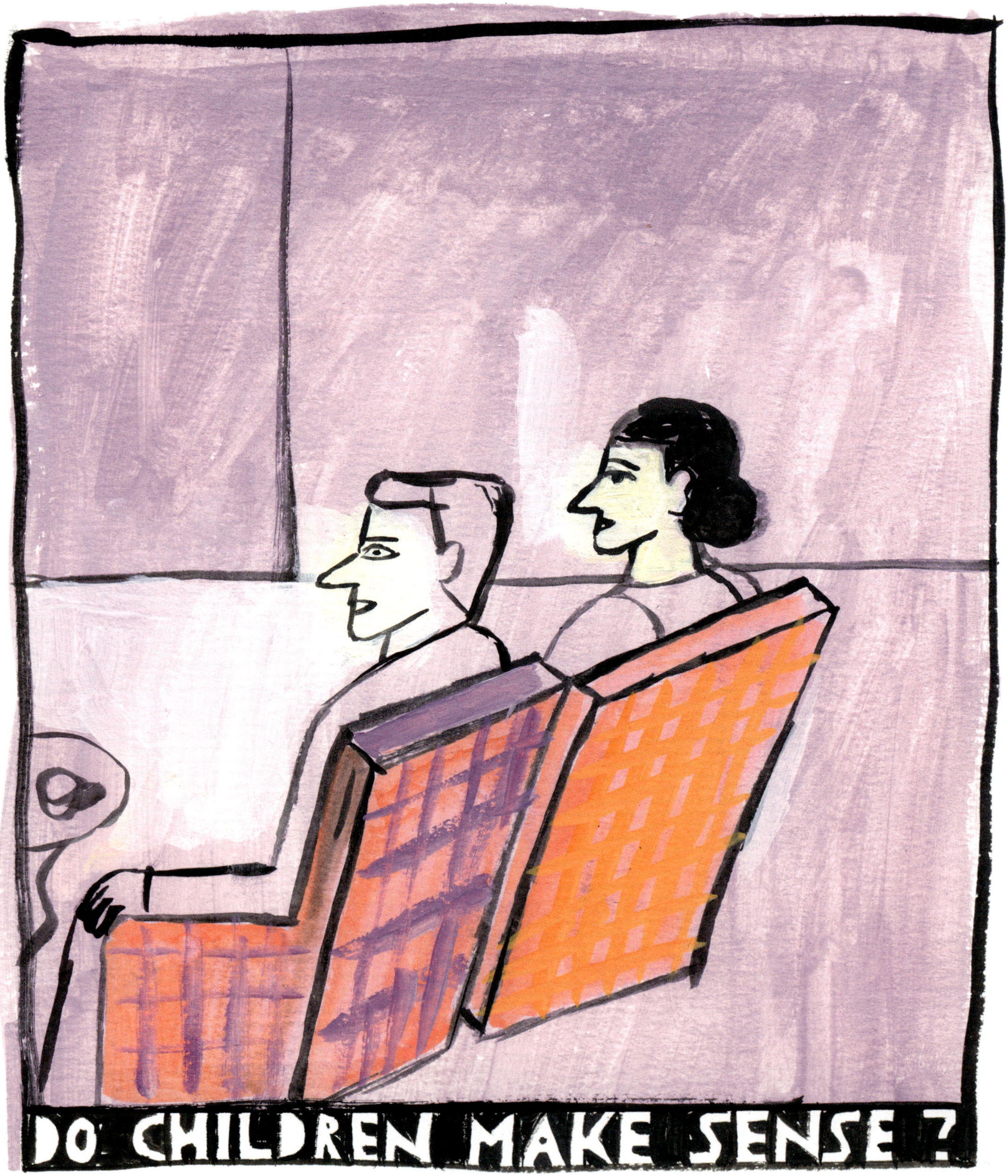
DO CHILDREN MAKE SENSE ?

Ist es sinnvoll, Kinder zu haben?

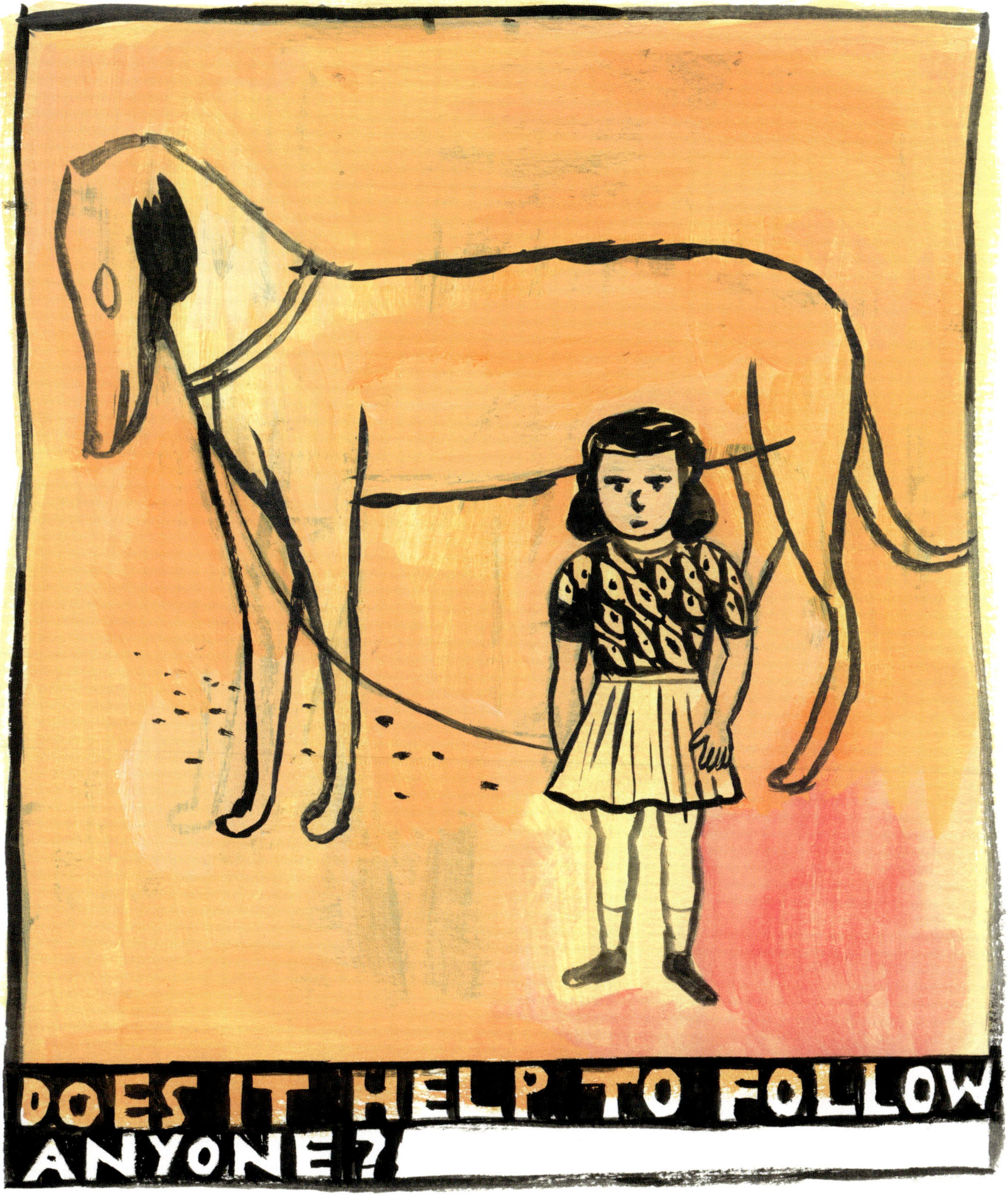
DOES IT HELP TO FOLLOW ANYONE?
Hilft es, jemandem zu folgen?

IS IT ALWAYS GOOD TO FACE
PROBLEMS ?

Ist es immer gut, Problemen ins Auge zu sehen?

WHAT SHADE OF LIPSTICK
SHALL I WEAR ?

Welcher Lippenstift passt zu mir?

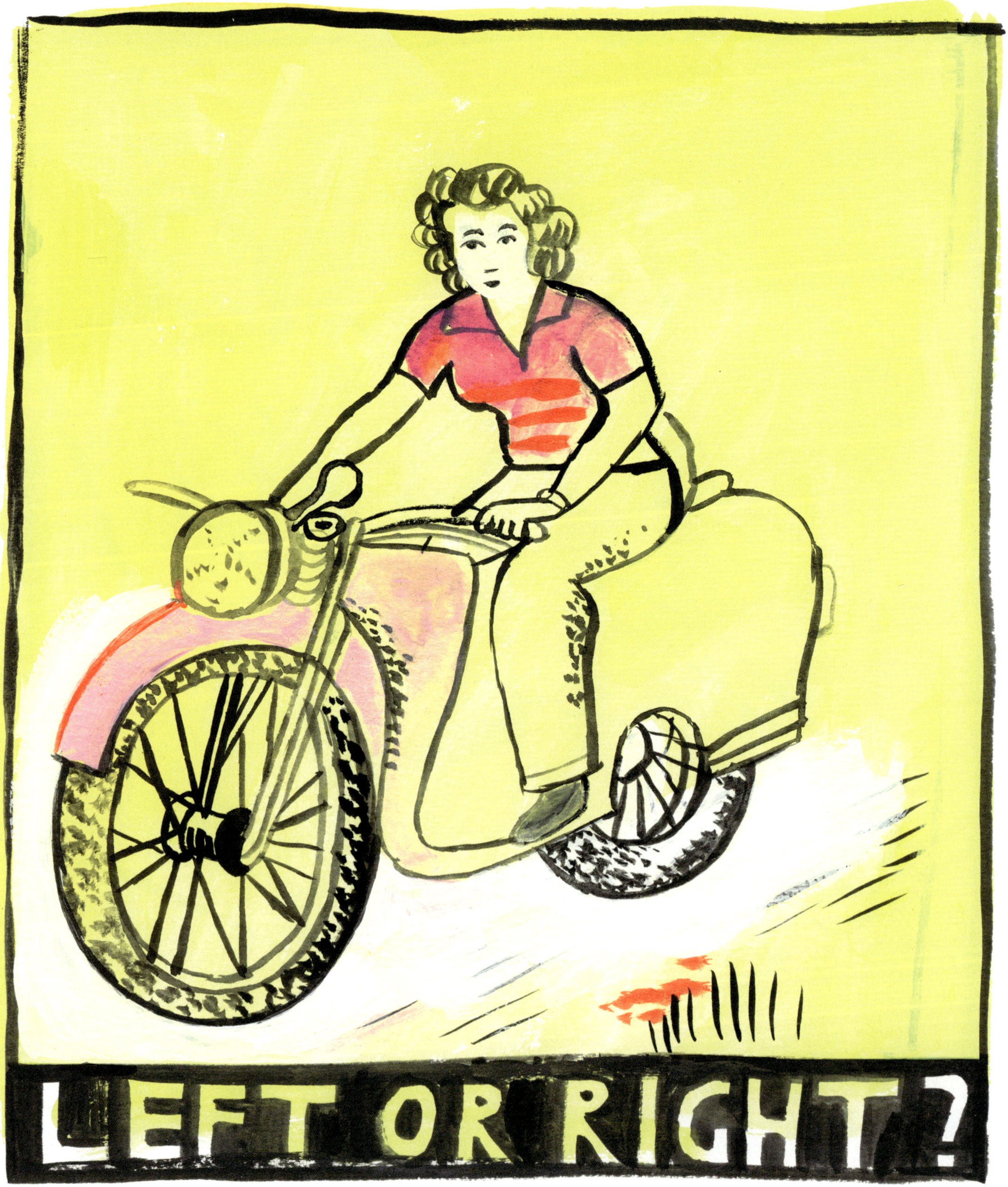
LEFT OR RIGHT?

Links oder rechts?

WHAT DOES IT MEAN
TO BE INDEPENDENT?

Was bedeutet Unabhängigkeit?

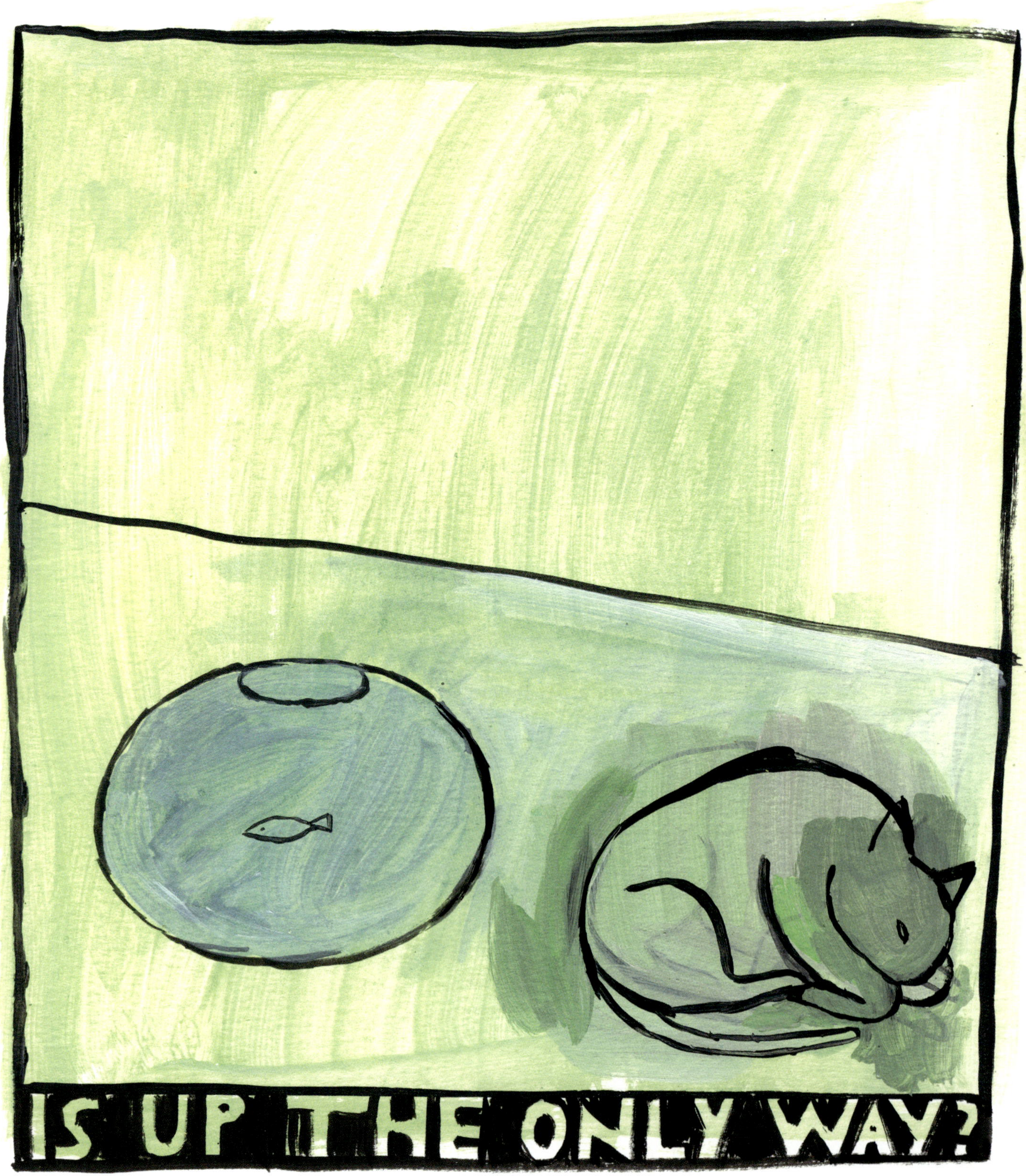
IS UP THE ONLY WAY?

Muss es immer aufwärts gehen?

OTHERLY URGES

– ARCHANA SREENIVASAN

IF I REMEMBER RIGHT, EVEN FROM THE AGE OF 17, I HAD NO DESIRE TO EVER BE A MOTHER.
ME AT 17
WHEN THE TIME IS RIGHT, YOU WILL WANT A CHILD.
YUCK!
LATE TWENTIES...
TRY IT WITH AN OPEN MIND YA! YOU DON'T HAVE TO MARRY IF YOU STILL DON'T WANT TO!
GULP!
MATRIMONY .COM
CREATE YOUR PROFILE
NAME: ARCHANA
AGE: 29 YRS
HEIGHT: 5FT 9IN
EDUCATION: PG DIPLOMA
CITY: BANGALORE
ABOUT:
BLAH BLAH BLAH BLAH I DO NOT WISH TO HAVE OR RAISE CHILDREN—YOURS, MINE OR OURS. BLAH BLAH-DE-BLAH BLAH BLAH.
UPLOAD
TO MY SURPRISE, A FEW POTENTIAL SUITORS STILL CONTACTED ME!
IN CASE YOU'RE WONDERING... YES, I'M MARRIED. AND NO, WE DIDN'T MEET ON A MATRIMONY SITE.

Wenn ich mich recht entsinne, hatte ich nie das Bedürfnis Mutter zu werden, und das auch schon im zarten Alter von 17. / Ich mit 17 • *Wenn der richtige Zeitpunkt gekommen ist, wirst du ein Kind wollen. / Igitt!* • Späte 20er … / *Geh' doch mal ganz offen ran, he! Du musst ja nicht heiraten, wenn du immer noch nicht willst!* • Heiraten.com / Schluck! • Erstelle ein Profil / Name: Archana, Alter: 29 Jahre, Größe: 180 cm, Bildung: Diplom, Stadt: Bangalore / Über mich: Blablablabla. Ich möchte keine Kinder haben oder großziehen – weder meine, noch deine oder unsere. Blabladiblablabla. / Speichern / Zu meiner Überraschung kontaktierten mich einige potentielle Verehrer! • Und falls du dich wunderst … ja, ich bin verheiratet. Und nein, wir haben uns nicht über eine Partnervermittlung gefunden.

TODAY I HAVE FRIENDS WHO FEEL DEEPLY FULFILLED BY MOTHERHOOD.
PING!
<Msgs Poorvi Dtls
Aarya makes me feel so special. I know I was born to be a mother ☺
I'M HAPPY FOR THEM, BUT I DOUBT I CAN EVER FEEL THAT WAY.
BUT WHO WILL TAKE CARE OF YOU WHEN YOU'RE OLD?
I DON'T KNOW MA...
BUT INVESTING 20+ YEARS OF MY LIFE IN THE HOPES OF HAVING SUPPORT LATER... JUST SOUNDS LIKE A RECIPE FOR DISASTER.
THERE'LL PROBABLY BE SOME SYSTEM FOR PEOPLE LIKE US WHEN WE'RE OLD... I'M SURE THERE'LL BE OTHERS LIKE US. NO?
COUSIN. 41. UNMARRIED, CHILDLESS.
AN ASTROLOGER ONCE TOLD ME:
YOU WILL CHOOSE NOT TO BE A MOTHER. BUT IN YOUR LATER YEARS YOU WILL CRAVE TO DO SOMETHING FOR CHILDREN
HMM... I ILLUSTRATE CHILDREN'S BOOKS. DOES THAT COUNT?

Heute habe ich Freundinnen, die zutiefst vom Muttersein erfüllt sind. / Pling! • Ich freue mich für sie, zweifle aber daran, dass ich je so empfinden könnte. / *Aarya gibt mir das Gefühl, etwas Besonderes zu sein. Ich weiß, ich bin zum Muttersein geboren.* • *Aber wer wird für dich sorgen, wenn du alt bist? / Ich weiß nicht, Ma …* • *Aber 20 oder mehr Jahre meines Lebens in die Hoffnung zu investieren, später unterstützt zu werden … das klingt nach einem ziemlichen Desaster.* • *Es wird dann hoffentlich ein System für Leute wie uns geben, wenn wir alt sind … Ich bin sicher, es wird andere wie uns geben, oder?* / Cousine, 41, unverheiratet, kinderlos. • Ein Astrologe sagte mir einmal: *Du wirst dich nicht dafür entscheiden Mutter zu sein. Aber später wirst du dich danach sehnen, etwas für Kinder zu tun.* / Hmm … ich illustriere Kinderbücher. Zählt das?

RENT FOR THIS MONTH...
LANDLADY.
SO?? NO GOOD NEWS??
I GET TO ANSWER THAT, AND SOME OTHER QUESTIONS
HOW LONG HAVE YOU BEEN MARRIED?
I ♡ YOGA
SO WHEN DO YOU PLAN TO HAVE KIDS?
UM... NEVER
SOMETIMES THERE IS BEWILDERMENT
YOU DON'T WANT TO HAVE CHILDREN?? WHYYY??
TO BE FAIR, I'VE FELT THE SAME BEWILDERMENT
YOU WANT TO HAVE CHILDREN?? WHYYY??
...
WHY MARRY IF YOU DON'T PLAN TO HAVE CHILDREN?
...

Vermieterin / *Die Miete für diesen Monat …* • *Na, gibt's gute Neuigkeiten?* • Solche und ähnliche Fragen muss ich beantworten. / *Wie lang seid ihr verheiratet?* • *Und wann habt ihr geplant, Kinder zu bekommen?* / *Hm … gar nicht.* • Manchmal sind Leute fassungslos. / *Du willst keine Kinder?? Aber warum??* • Genaugenommen war ich selbst schon fassungslos. / *Du willst Kinder?? Aber warum??* • *Warum heiratet man überhaupt, wenn man keine Kinder will?*

IS YOUR HUSBAND OKAY WITH IT?
THANKFULLY, YES.
TO SOME, NO CHILD = CAN'T HAVE CHILDREN.
JAYANTI, PLEASE DUST THE BOOK SHELVES TODAY?
OK AKKA!
POOR THING... CHILDLESS...
SWEEP SWEEP
ONE DAY...
THANKS JAYANTI! BYE!
BYE AKKA!
SHEESH!
ADOPTION

Findet dein Mann das denn in Ordnung? • Glücklicherweise ja. • Für manche bedeutet keine Kinder haben, keine Kinder bekommen zu können. / *Jayanti, bitte staube heute die Bücherregale ab, ja? / OK, Akka! / Das arme Ding … keine Kinder …* • Eines Tages … / *Danke Jayanti! Tschüss! / Tschüss Akka!* • *Scheibenkleister!*

HAVEN'T I EVER FELT LIKE I'D LIKE TO BE A MOTHER?
Facebook
Whatsapp
Tick Tick Tick Tick Tick Tick Tick Tick Tick Tick Tick Tick Tick Tick Tick Tick
ONE TIME I WAS VISITING A RELATIVE WHO HAD HAD HER SECOND DAUGHTER. (NOT THE FIRST OF THIS KIND OF VISIT)
HELLOOO LITTLE PRINCESS!!
AND OUT OF THE BLUE MY HITHERTO CLARITY ON NOT WANTING CHILDREN WAS SERIOUSLY SHAKEN.
AND AS I PROCEEDED TO TOTALLY FREAK MYSELF OUT, I CONTINUED FANTASIZING ABOUT A LITTLE ONE OF MY OWN.

Hatte ich denn nie das Bedürfnis Mutter zu sein? • Irgendwann einmal besuchte ich eine Verwandte, die gerade ihre zweite Tochter bekommen hatte. (Es war nicht der erste dieser Art von Besuche.) / *Hallooo kleine Prinzessin!!* • Und aus heiterem Himmel war meine bisherige Klarheit darüber, dass ich keine Kinder wollte, ernsthaft erschüttert. • Und während ich mich daraufhin total verrückt gemacht habe, fantasierte ich über ein eigenes Kind.

SOME SERIOUS INTROSPECTION FOLLOWED
ZZZZZZZ
MEOW MEOW MEOW MEOW MEEOW MEOWW MEW MEOW
BUT THE FEELING WORE OFF...
I CAN'T UNDERSTAND WHAT BROUGHT IT ON, BUT I FEEL NO REMAINING TRACE OF IT TODAY.
SLURP!
AND IT HASN'T HAPPENED AGAIN, SINCE.

Ich habe intensiv darüber nachgedacht. • *Miau. Miau, Miau. Miiiau. Miauu. Mau. Miau.* • Aber das Gefühl ließ nach … • Ich kann nicht ganz verstehen, wie es dazu kam, aber ich fühle keine Spur mehr davon. / *Schlürf.* • Und es ist seitdem auch nicht wiedergekommen.

IN MY TEENS AND EARLY 20's, I TOOK PLEASURE IN ANNOUNCING MY OH-SO-REBELLIOUS STANCE ON MOTHERHOOD.
HEH!
I ENJOYED SHOCKING PEOPLE...
NOW MY IDEAL TIME TO MAKE BABIES IS SWIFTLY RUNNING OUT AND I NOTICE NO CHANGE IN MY MOTHERHOOD PLANS...
IS IT BECAUSE I'M
IMMATURE!
AFRAID OF RESPONSIBILITY!
SELFISH!
NOT WILLING TO RELINQUISH BEING THE CHILD!

In meiner Jugend und den frühen 20ern hatte ich meine Freude daran, meine ach-so-rebellische Haltung bezüglich des Mutterseins zu verkünden. • Ich genoss es, Leute zu schockieren … • Die ideale Zeit, um Babys zu zeugen, läuft mir allmählich davon und ich bemerke keinerlei Veränderung in meinen Plänen, nicht Mutter zu werden … • Ist es weil ich / *Egoistisch!* / *Unreif!* bin / *Angst habe Verantwortung zu übernehmen!* / *Nicht aufgeben möchte selbst das Kind zu sein!*

MAYBE. BUT MORE THAN ANYTHING, I'M NOT A MOTHER BECAUSE I DON'T FEEL INSPIRED TO BE ONE.
NAMELESS ANXIETY
PLANTATION DRIVE
THERE ARE PEOPLE WHO UNDERSTAND THAT, AND PEOPLE WHO DON'T...
THERE IS NO PLACE FOR A BABY IN YOUR LIFE IF YOUR ART IS YOUR BABY...
AUNT. 60 + YRS. LIVES PASSIONATELY. MOTHER OF 2.
EITHER WAY, MY STANCE IS NO LONGER A BRASH ONE. I OFFER MY HEARTFELT APOLOGIES TO THE ONES WHO'D HAVE MADE WONDERFUL GRANDPARENTS.
RESEARCH INDICATES THAT 1/3RD OF THE MILLENNIALS DON'T PLAN TO HAVE CHILDREN. WHO KNOWS IF SOME OF US WILL LATER REGRET THAT...
YET, ALL THINGS CONSIDERED, ITS A CHANCE I'M WILLING TO TAKE.

Vielleicht. Aber mehr als alles andere, bin ich deswegen keine Mutter, weil ich mich dazu nicht inspiriert fühle. / Unbenannte Angst. • Manche Leute verstehen das und andere nicht … / *Es gibt keinen Platz für ein Baby in deinem Leben, wenn deine Kunst dein Baby ist …* / Tante. Über 60. Lebt leidenschaftlich. Zweifache Mutter. • So oder so, meine Haltung ist nicht mehr so forsch. Ich entschuldige mich aus tiefem Herzen bei denen, die großartige Großeltern gewesen wären. • Studien zeigen, dass ein Drittel der Millennials keine Kinder planen. Wer weiß schon, ob wir das später bereuen werden … • Aber im Großen und Ganzen bin ich bereit, dieses Risiko einzugehen.

~END~

WHATS WRONG WITH ME
At work, in the kitchen:
Andrea brought her new baby!
You don't want to see it?
Oh – ehm, … no?
What's wrong with
wrong with her? Wh
Wrongith her?
What's wrong with h
with h
her?

WOCHENEND MUTTER
JUHUUU, DIE ULLI-MAMA IST DA!
MEIN SOHN WURDE KURZ NACH MEINEM 18. GEBURTSTAG GEBOREN. ER BLIEB BEI SEINEN GROSSELTERN AUF DEM LAND, WÄHREND ICH IN DER STADT NACH ARBEIT SUCHTE.
NATÜRLICH FÜHLTE ICH MICH IMMER SCHULDIG. EINES TAGES TRAF ICH EINE FREUNDIN, DIE IHR KIND SELBSTVER= STÄNDLICH ALLEINE AUFZOG.
ICH HABE STÄNDIG SCHULDGEFÜHLE. ICH FÜRCHTE, ICH BIN KEINE GUTE MUTTER!
ullilust 2016

HAARIGE FRAGE
MEIN SOHN HAT SICH VERLIEBT.
SIE IST AMERIKANERIN.
WOW, COOL!
ICH HABE ALLERDINGS GEHÖRT, AMERI= KANER SIND VERSESSEN AUF KOMPLETT RASIERTE INTIM= ZONEN…
Uhm, MOM!
WAS?

Etwas stimmt nicht mit mir _ von marialuisa In der Arbeit, in der Küche: / *Andrea hat ihr Baby mitgebracht!* • *Willst du es denn nicht sehen? / Oh – ähm, ne?* • Was stimmt nicht mit ihr? • **Weekend Mum** *Yay! Ulli Mama is here!* • My son was born shortly after my eighteenth birthday. He lived with his grandparents in the country while I looked for work in the city. • Naturally, I always felt guilty. One day I met a friend who was, of course, raising her child by herself. / *I constantly feel guilty. I'm afraid that I'm not a good mum!* • **~~The hairy question~~ My son is in love.** *She's American. / Wow, cool!* • *But I did hear that Americans are obsessed with completely shaving their intimate areas …* • *Er … Mum! / What?*

Eine Zeit lang wurde ich ständig gefragt, ob ich Kinder will. Je nach Stimmung hatte ich immer eine andere Antwort:
Haha, ich wollte mein Leben gerade vereinfachen!
Weißt du, ich glaube nicht an das Konzept "Mensch"
Ich glaube, ich wär' gar nicht belastbar genug.
KLIMAWANDEL
ARTENSTERBEN
UMWELTKATASTROPHEN
Ob ich Kinder will?
Schlimm genug, dass es vielleicht Reinkarnation gibt!
kicher

Motherhood _ von marialuisa For a long time I was constantly asked if I wanted to have children. I always had a different answer, depending on my mood: / *Ha ha, I actually wanted to make my life simpler! / You know, I don't believe in the concept of "person". / I don't think I'd be resilient enough.* • CLIMATE CHANGE / SPECIES EXTINCTION / ENVIRONMENTAL CATASTROPHE / *Do I want children? / It's bad enough that reincarnation might be real! / Giggle*

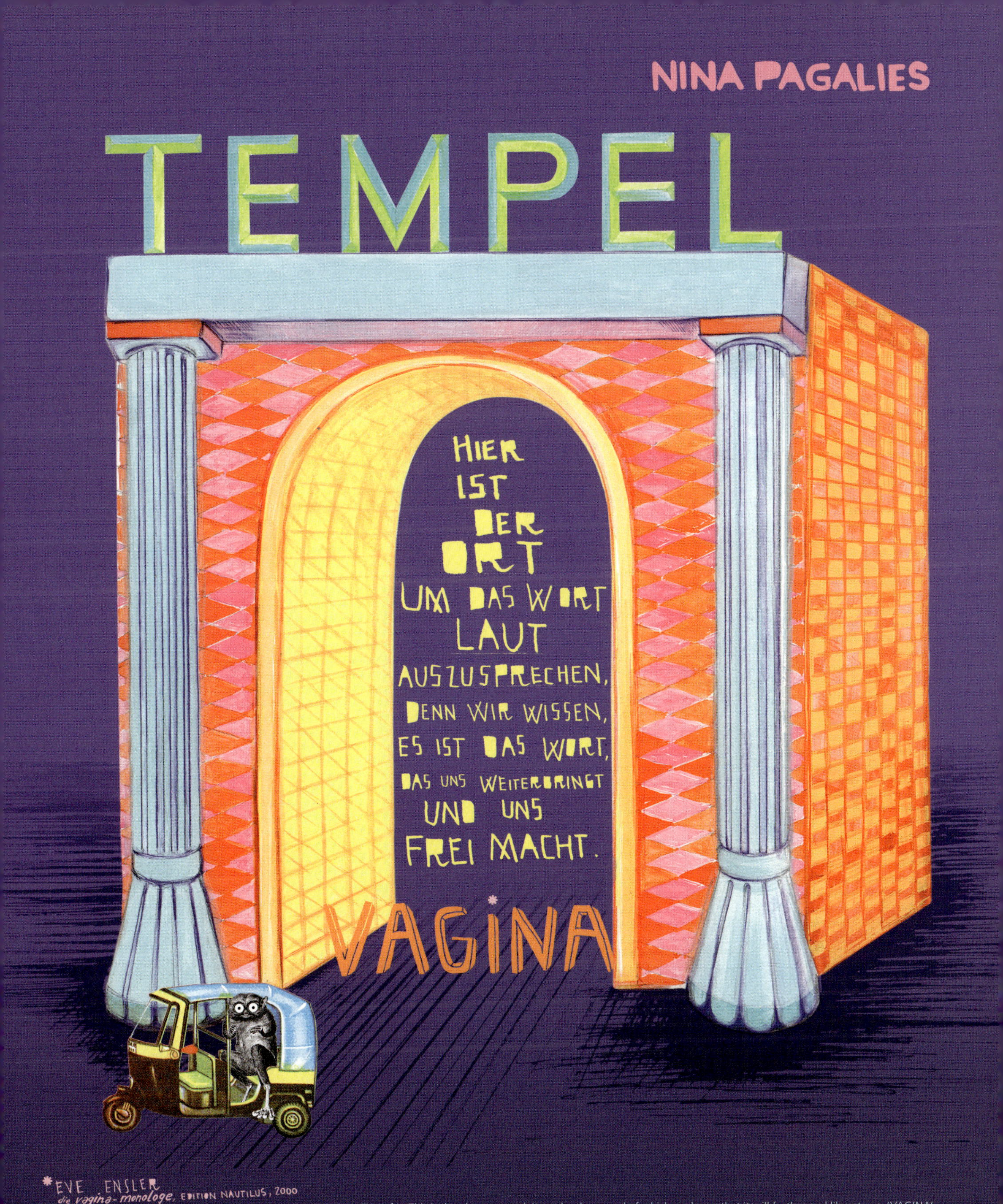
NINA PAGALIES
TEMPEL
HIER IST DER ORT UM DAS WORT LAUT AUSZUSPRECHEN, DENN WIR WISSEN, ES IST DAS WORT, DAS UNS WEITERBRINGT UND UNS FREI MACHT.
VAGINA*
*EVE ENSLER die vagina-monologe, EDITION NAUTILUS, 2000

Temples This is the place to speak it out loud - a word of which we know that it will further and liberate us. 'VAGINA'

holy Vagina

SYNTHESIS
OHNESHAKTIISTSHIVANICHTS
SHIVAWITHOUTSHAKTIISSHAVA

PO
POWER
LARISSA
BERTONASCO

Ich stöbere gerne in den alten Fotokisten, die auf unserem Dachboden lagern. Besonders staune ich dabei über die Bilder von mir aus meiner Zeit als Teenager...
Ich war jung, schön, schlank – alles dran! Warum nur habe ich mir damals so viele Sorgen um mein Aussehen gemacht und konnte die tolle Zeit nicht einfach unbeschwert und in vollen Zügen genießen?!
1986 1991
1986 1991
Seit damals haben mein Körper und ich einiges miteinander durchgemacht: Tränen, Glück, Krankheiten, Lieben, Schwangerschaften, Verzweiflung, Älterwerden – 44 Jahre Leben eben! Auch wenn ich heute nicht jünger aussehe, fühle ich mich mit mir selbst so viel wohler. Es hat eine ganze Weile gedauert, bis ich ein spezielles Geheimnis über meinen Körper und die Quelle seiner positiven Energie herausgefunden habe...

I like to look through boxes of old photographs that are stored in our attic. Pictures of myself as a teenager are especially striking … • *I was young, pretty and thin – just the way I should be! Why did I worry about my appearance so much instead of just enjoying myself?!* • My body and I have been through a lot together since then: tears, elation, illnesses, loves, pregnancies, frustration, ageing – 44 years full of life! Even if I don't look any younger, I feel more comfortable now in my own skin. It took a while until I learned about the unique secrets held within my body, until I realised that it served as a source of positive energy …

Als Kind machte ich mir keine Gedanken über meinen Körper. Er war einfach da und erfüllte seinen Zweck. Ich aß gerne Eis, fuhr Fahrrad und kletterte auf Bäume. Das änderte sich schlagartig, als mein Körper sich an allen möglichen Stellen zu verändern, zu wachsen und außer Kontrolle zu geraten begann. Nichts war mehr so wie vorher.
Vor allem mit meinem Hintern war ich extrem unglücklich. Er war VIEL zu groß, fand ich. Mein Busen hingegen wollte einfach nicht mehr wachsen. Das Haus verließ ich nun grundsätzlich nur noch mit einer Strickjacke um die Hüften geknotet und achtete darauf, dass mich keiner von hinten sehen konnte.
BYE!

I didn't worry about my body as a child. It was simply there and fulfilled its purpose. I liked to eat ice cream, rode my bicycle and climbed trees. That changed radically when my body started to change in all imaginable places, growing and getting out of control. Nothing was the way it used to be. • Most worrisome of all was my bum. I thought that it was MUCH too big. In contrast, my breasts didn't want to continue growing. Generally, I only went out in a cardigan knotted around my hips making sure that no one could see me from behind. / *Tschüß!*

Ich war ein Teenie der 80er. Mein Körper widersprach in ausnahmslos allen Punkten dem angesagten Schönheitsideal.
Ich war bereit viel zu tun, um mich diesem wenigstens ein bisschen anzunähern.

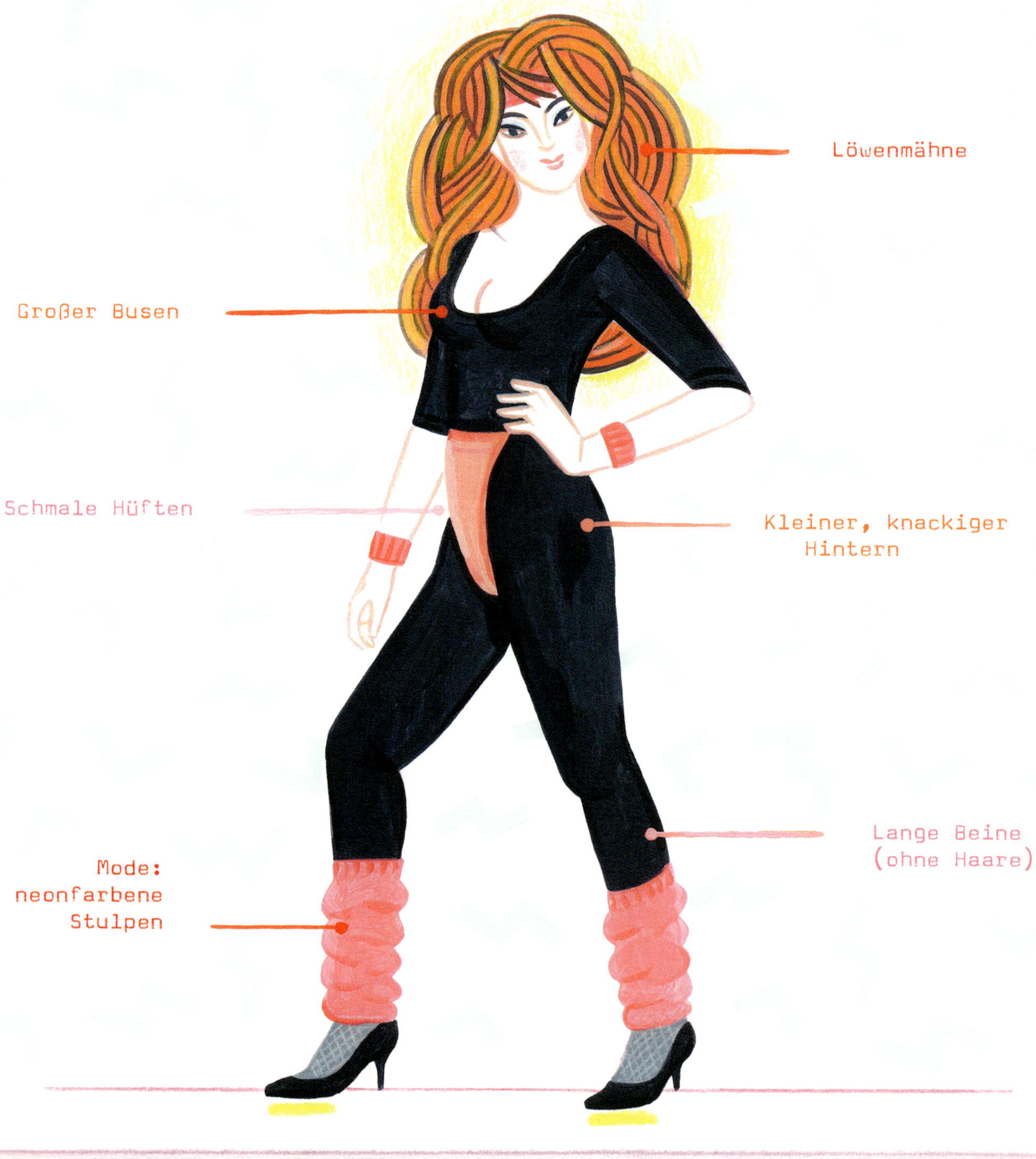

I was a typical 1980s teenager. My body was the opposite, in every respect, of the ideal notion of beauty then. I was willing to try my best, a bit at least, to live up to the expectations of teenage girl appearance. / A flowing mane / Large breasts / Narrow hips / A small, well-formed bum / Long hairless legs / As fashion items: neon-coloured legwarmers

Der aussichtslose, traurige Kampf gegen meinen unperfekten Körper begann...
Durch Hungern aber konnte ich mein Problem auch nicht lösen. Nach jedem Bissen den ich aß, hatte ich Schuldgefühle. Obwohl ich immer dünner wurde, mochte ich mich immer weniger. Mein sowieso schon kleiner Busen verschwand nun ganz, mein Hintern aber ließ sich einfach nicht aus der Ruhe bringen. Er blieb groß und prall. Wie gerne hätte ich einige Umverteilungen vorgenommen. Dafür hätten sich gleich mehrere meiner Baustellen geeignet.
XS
XXL
L
S
Dank italienischer Gene wuchsen meine Haare vor allem in unerwünschten Zonen üppig. Mein Kopfhaar dagegen war weit davon entfernt nach Löwenmähne auszusehen. Hätte ich die Haare an meinen Beinen nur umpflanzen können, hätte ich wie eine perfekte Diva der 80er ausgesehen!

This was the beginning of a hopeless, sad battle against my imperfect body … • Starving myself didn't help either. Every bite made me feel guilty. I got thinner and thinner, and liked myself less and less. My already small breasts disappeared completely, but my bottom stayed the same as ever – big and round. I would have so liked to have done some redistributing. There were several parts of me that could use improvements. • Thanks to my Italian genes, hair sprouted amply in places that it shouldn't. In contrast though, the hair on my head was the opposite of a mane. If I could've transplanted the hair on my legs onto my head, I might've have been able to look like a perfect 1980s diva!

Mit 25 wurde ich schwanger.
Ich war mitten im Studium und die erste Mutter in meinem Freundeskreis.
Ich freute mich sehr auf das Kind und hatte großes Vertrauen, dass es zum richtigen Zeitpunkt zu mir kam. Andere Menschen um mich waren da skeptischer...
Kinder sind echt MEGA anstrengend! Meine Cousine hat eins und kriegt NULL auf die Reihe...
Du bist so jung, du kannst doch später noch Kinder bekommen, wenn deine Lebenssituation passender ist!
Und was ist mit dem Vater? Bist du dir überhaupt sicher, dass ihr zusammenbleiben wollt?
Willst du jetzt schon so viel Verantwortung übernehmen? Überleg's dir gut, denn hinterher kannst Du nichts mehr dran ändern!
Also ich hätte 'nen Riesenschiss! Die ganze Unsicherheit!
An deiner Stelle würde ich erstmal die Ausbildung abschließen!
Ich fragte meine Mutter um Rat. Sie hatte mich und meinen Bruder ganz alleine großgezogen und nebenbei ihr eigenes Geschäft geführt. (Übrigens hat meine Mutter auch einen großen Hintern.)
Mami, stell Dir vor, ich bin schwanger!
Oh wie wundervoll, meine Süße! Kinder sind so toll! Ich weiß, du schaffst das. In meinem Leben haben mich alle Herausforderungen nur immer stärker gemacht!

I got pregnant when I was 25. I was right in the middle of my studies at university and the first mother in my circle of friends. I was really looking forward to having the baby and was certain that everything was happening at the right time in my life. Other people seemed more sceptical though … / *Children are completely MEGA strenuous! My cousin has one and she can't get ANYTHING accomplished … / And what about the father? Are you sure that you want to stay together? / I would be scared out of my wits with everything being uncertain! / You're still so young, and you can get pregnant again later in life when the situation is more suitable. / Do you really want to take on all that responsibility? Think about it carefully before it's too late! / If I was in your situation, I'd complete my education first.* • I asked my mother for her advice. She raised me and my brother alone and ran her own business all the while. (My mother also has a big bottom.) / *Mami, have I got news for you – I'm pregnant! / Oh, how wonderful, my dear! Children are simply the best! I know that you'll be a good mother. The challenges that I faced in life made me stronger!*

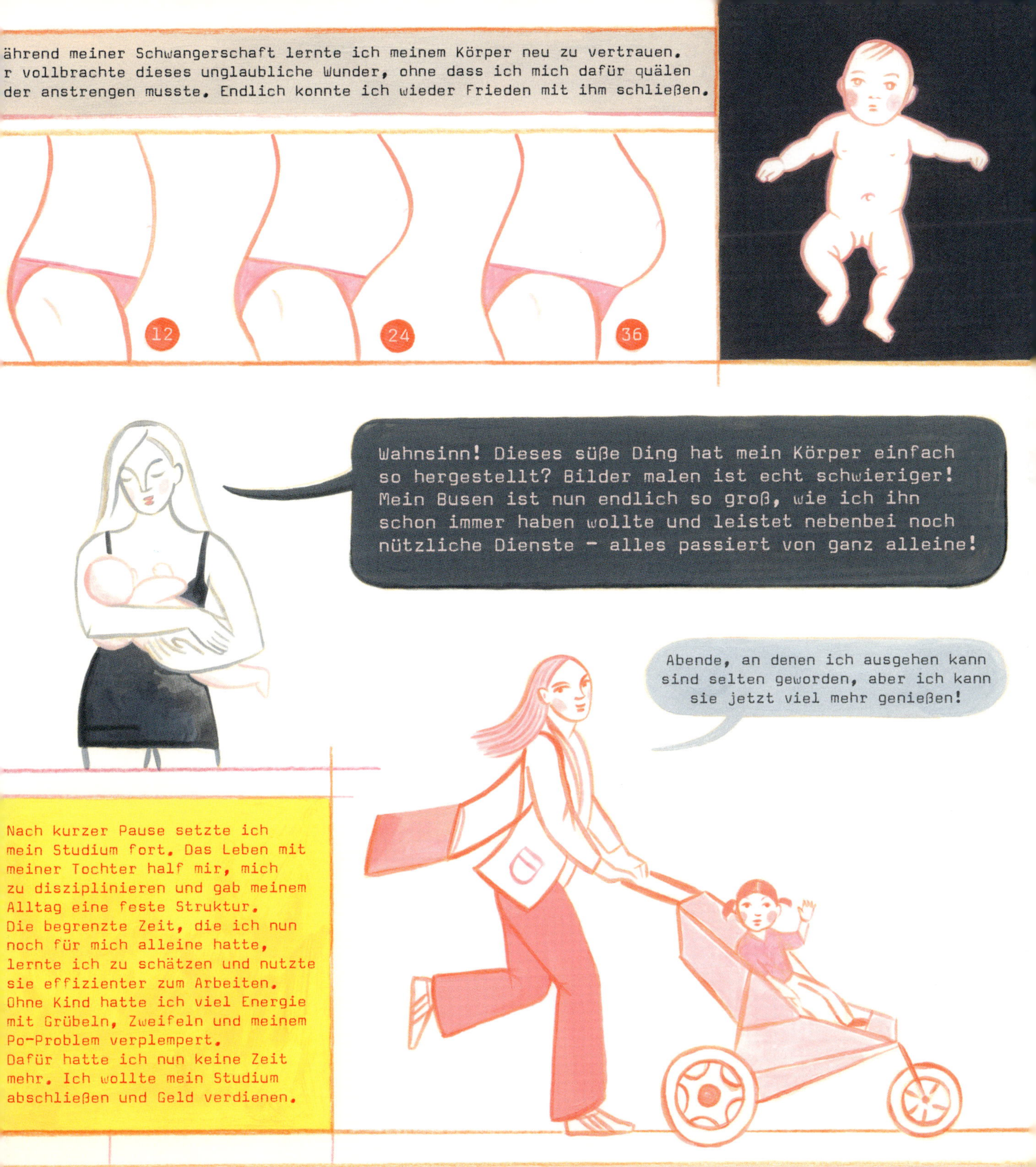
ährend meiner Schwangerschaft lernte ich meinem Körper neu zu vertrauen. r vollbrachte dieses unglaubliche Wunder, ohne dass ich mich dafür quälen der anstrengen musste. Endlich konnte ich wieder Frieden mit ihm schließen.
12
24
36
Wahnsinn! Dieses süße Ding hat mein Körper einfach so hergestellt? Bilder malen ist echt schwieriger! Mein Busen ist nun endlich so groß, wie ich ihn schon immer haben wollte und leistet nebenbei noch nützliche Dienste – alles passiert von ganz alleine!
Abende, an denen ich ausgehen kann sind selten geworden, aber ich kann sie jetzt viel mehr genießen!
Nach kurzer Pause setzte ich mein Studium fort. Das Leben mit meiner Tochter half mir, mich zu disziplinieren und gab meinem Alltag eine feste Struktur. Die begrenzte Zeit, die ich nun noch für mich alleine hatte, lernte ich zu schätzen und nutzte sie effizienter zum Arbeiten. Ohne Kind hatte ich viel Energie mit Grübeln, Zweifeln und meinem Po-Problem verplempert. Dafür hatte ich nun keine Zeit mehr. Ich wollte mein Studium abschließen und Geld verdienen.

During my pregnancy, I learned how to trust my body in ways that I hadn't known about before. My body was performing this miracle without ever torturing or straining me. I was finally able to live in peace with my own body. • *Amazing! My body simply made this sweet creature? Painting is more difficult! My breasts were finally as big as I had always wanted them to be while also serving an important function – all without my having to make an extra effort!* • After a brief break, I went back to my studies. Life with my daughter helped me discipline myself to deal with my daily routine better now that it had set parameters. The little bit of time that I had for myself now took on additional value and I learned how to make the most of that time and work more efficiently. Without a child, I had more energy to ponder and worry and waste time thinking about my bottom. Now, I don't have time for all that. At that juncture, I wanted to complete my studies and earn money. / *I can't go out in the evening as much any more, but when I do, I appreciate the opportunity all the more!*

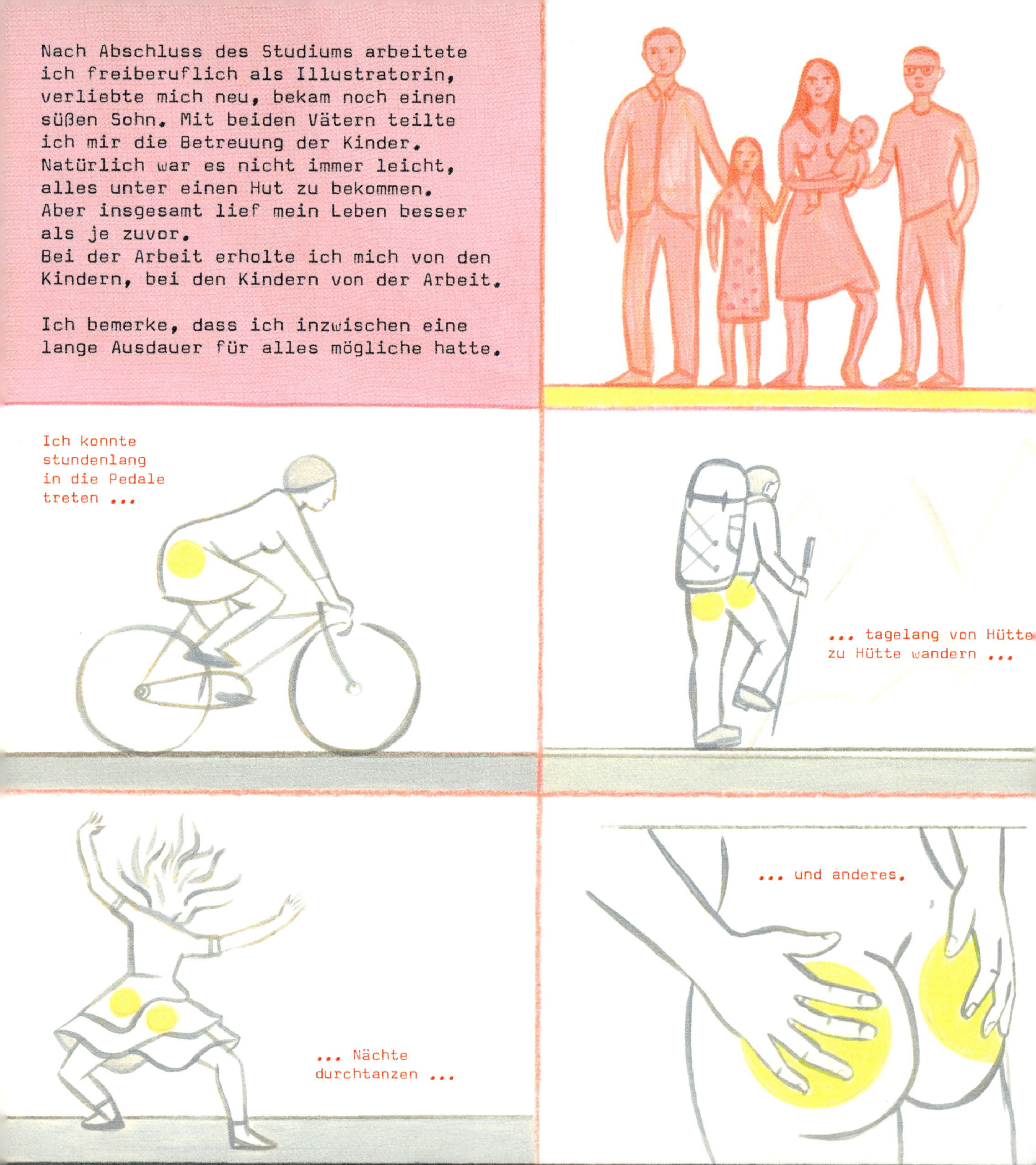
Nach Abschluss des Studiums arbeitete ich freiberuflich als Illustratorin, verliebte mich neu, bekam noch einen süßen Sohn. Mit beiden Vätern teilte ich mir die Betreuung der Kinder. Natürlich war es nicht immer leicht, alles unter einen Hut zu bekommen. Aber insgesamt lief mein Leben besser als je zuvor.
Bei der Arbeit erholte ich mich von den Kindern, bei den Kindern von der Arbeit.
Ich bemerke, dass ich inzwischen eine lange Ausdauer für alles mögliche hatte.
Ich konnte stundenlang in die Pedale treten ...
... tagelang von Hütte zu Hütte wandern ...
... Nächte durchtanzen ...
... und anderes.

After completing my studies, I worked as a freelance illustrator, fell in love again and had a sweet little boy. I split the responsibility of caring for the children with each of their fathers. It was not, of course, always easy to get everything done that needs doing. In general though, I'd say that my life was better than at any time previous. I recovered from the children through my work and from my work through the children. I noticed, over the course of time, that I'd developed more stamina for a wide range of activities. • I could pedal for hours ... or hike from hut to hut for days on end ... or dance through many a night ... and a number of other things.

Letztens habe ich mich gefragt: Woher kommt eigentlich diese ganze Kraft? Ich überlegte eine Weile, bis es mir wie Schuppen von den Augen fiel: all meine Lebensenergie ist in meinem Po verstaut! Kein Wunder, dass er deshalb so groß sein muss! Seit ich das weiß, möchte ich kein Gramm mehr von ihm missen.

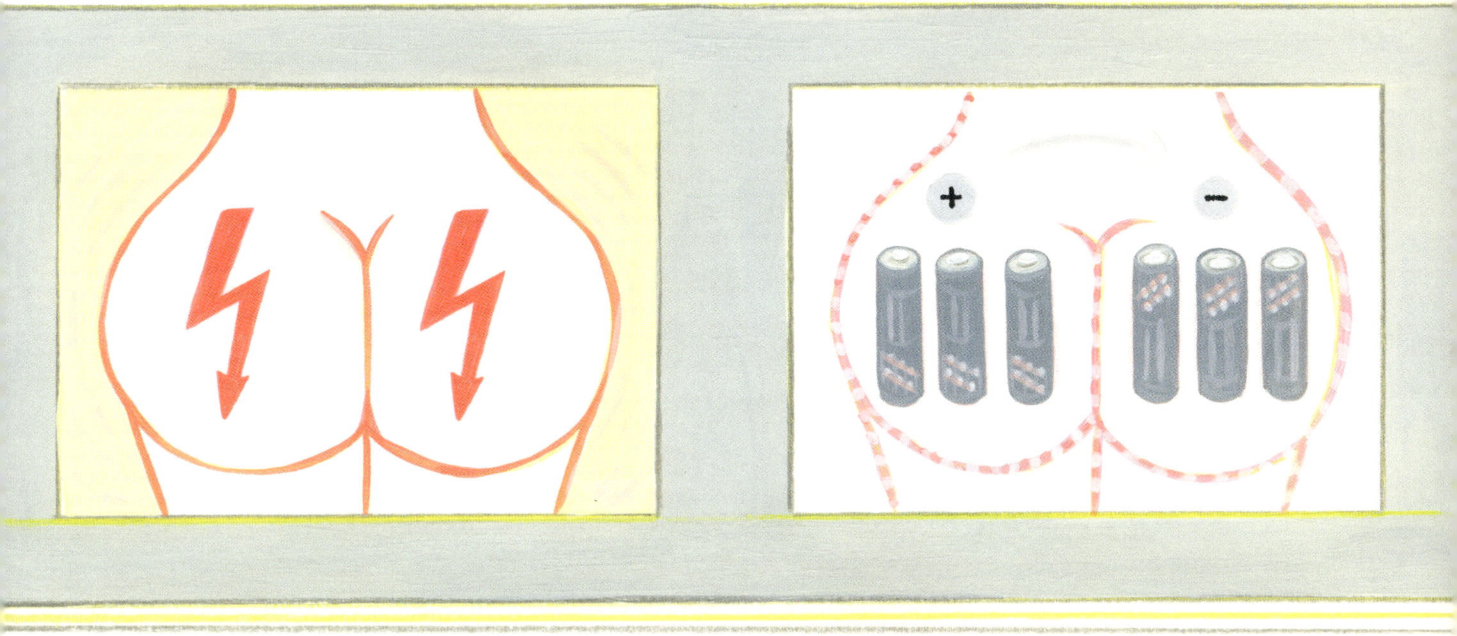

+
–

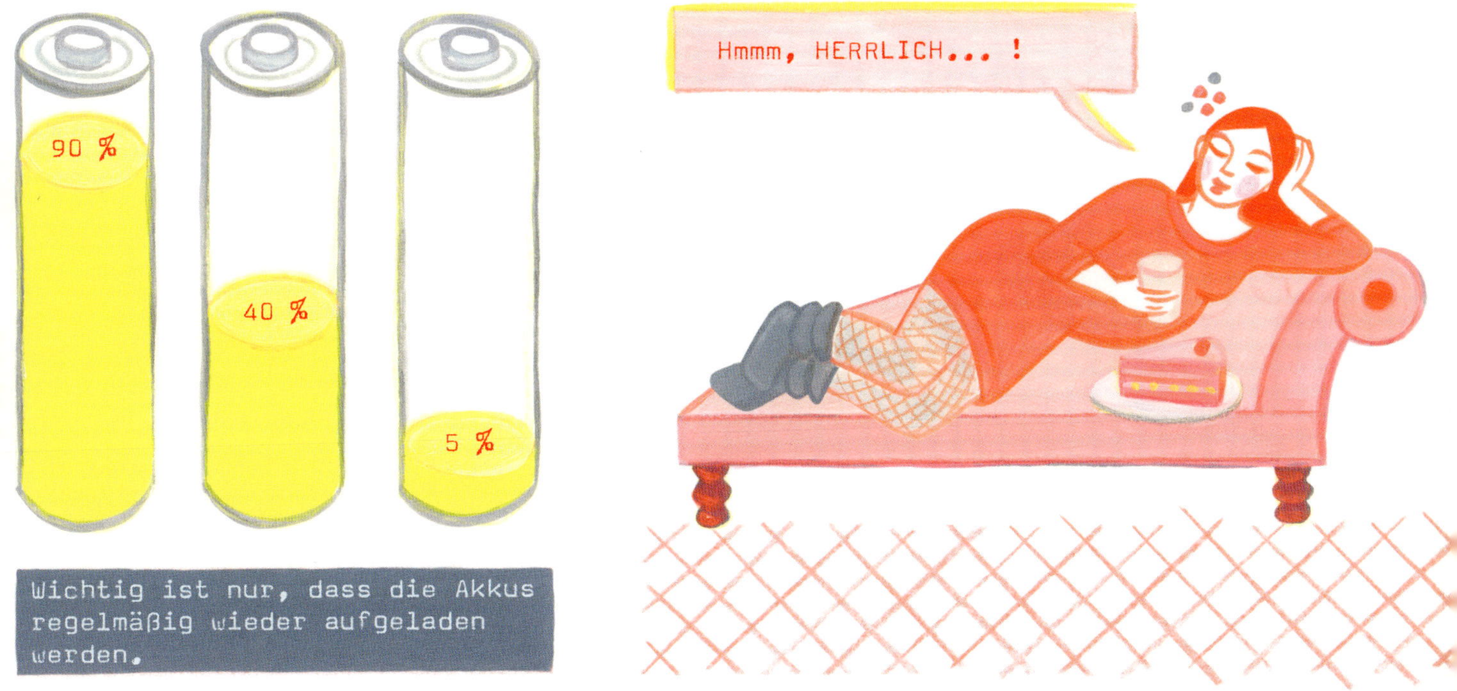

90 %
40 %
5 %
Hmmm, HERRLICH... !
Wichtig ist nur, dass die Akkus regelmäßig wieder aufgeladen werden.

Recently, I wondered where all this power came from. I deliberated for a while until the scales fell from my eyes: all of my energy for this life is stored in my bum! It's no wonder that it has to be the size it is! Since I realised that, there's not an ounce of it I would like to miss. • The most important thing is to remember recharging batteries regularly. / *Hmmm, DELIGHTFUL …!*

Looking up
"There are things known, and things unknown: and in between are the doors."
JIM MORRISON
RESHU SINGH
Vorbilder / „Es gibt bekannte Dinge und unbekannte; dazwischen sind die Türen." Jim Morrison

Amma, is chacha coming today?
Maybe, why?
More mangoes!
Every summer we used to visit my father's parents in the village.
amma : grandmother
chacha : uncle

Jeden Sommer besuchten wir meine Großeltern väterlicherseits im Dorf. / *Amma, kommt Chacha heute?* / *Vielleicht, warum?* / *Mehr Mangos!* (Amma: Großmutter, Chacha: Onkel)

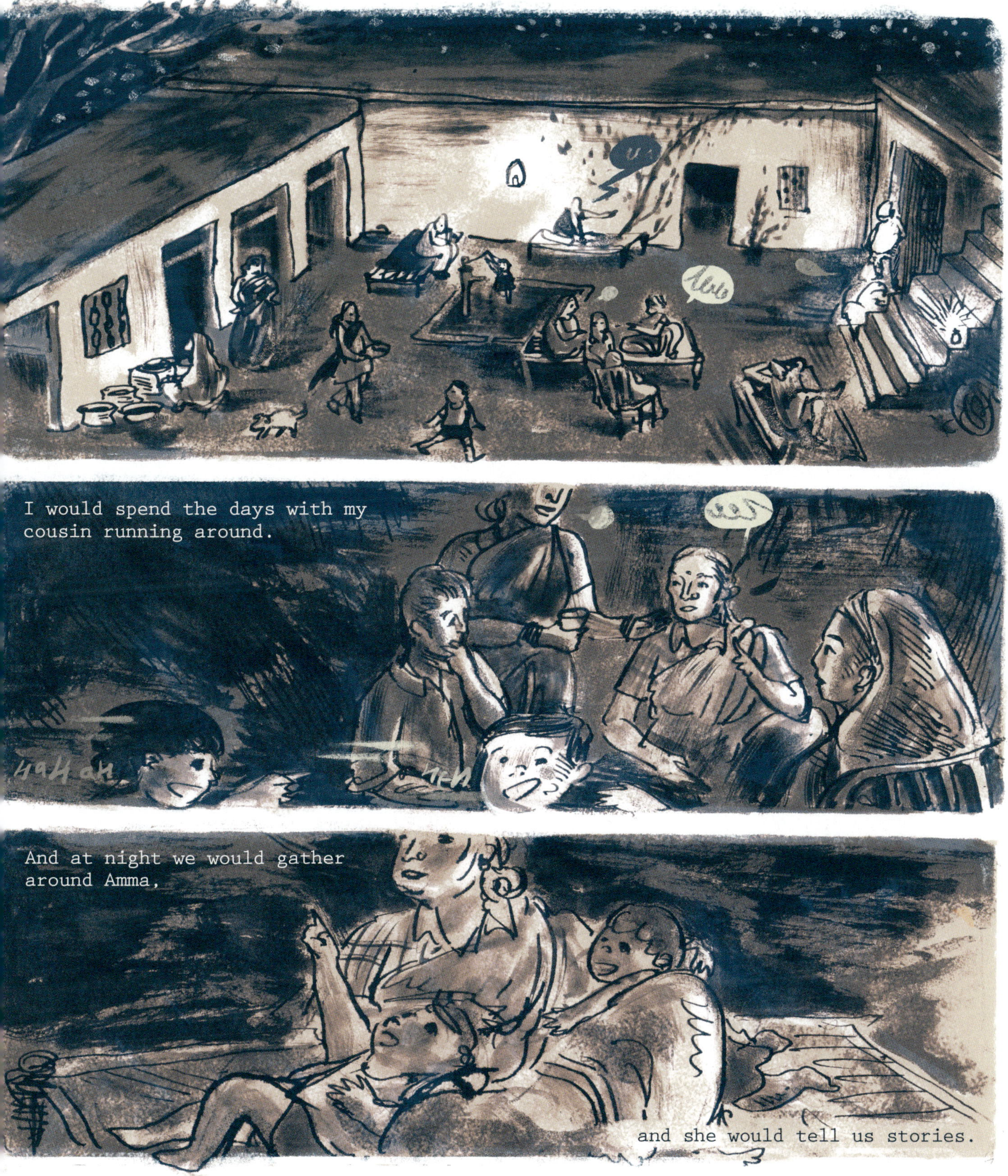
I would spend the days with my cousin running around.
And at night we would gather around Amma,
and she would tell us stories.

Ich verbrachte die Tage damit mit meinem Cousin herumzutollen. • Und bei Nacht versammelten wir uns um Amma, und sie erzählte uns Geschichten.

Of all the wonderful tales she told me,
I loved her own, the most.
She was very keen to study but wasn't allowed to go to school.
Secretly at night, she would light a lamp inside an earthen pot
so the light wouldn't spill out; and read her brother's books.
Despite resistance from in-laws, she made sure her children studied.
In the beginning, she sold her saris to pay their school fees.

Von all den wunderbaren Geschichten, die sie erzählte, mochte ich ihre eigene am liebsten. • Sie wollte sehr gern lernen, doch wurde es ihr nicht erlaubt zur Schule zu gehen. • Nachts entzündete sie eine Lampe in einem Tontopf, damit Licht nicht streute und las die Bücher ihres Bruders. • Obwohl die Schwiegereltern dagegen waren, sorgte sie dafür, dass ihre eigenen Kinder zur Schule gingen. Am Anfang verkaufte sie ihre Saris, um für die Schulgebühren aufzukommen.

Although she regrets not being able to send her eldest daughter to school, like the boys.

I looked up to her.

Stories of her courage were inspiring to me. She was someone I wanted to be like.

Sie bereut sehr, dass es ihr nicht möglich war, ihre älteste Tochter wie die Jungs zur Schule zu schicken. • Geschichten von ihrem Mut inspirierten mich. Sie war ein Vorbild für mich. • Ich schaute zu ihr auf.

I know where you are!
I can see you!

Ich weiß, wo du steckst! • Ich seh' dich!

FOUND YOU!
Where are my slippers?
Some years later, my sister was born. And my cousin got a little brother.
Put a hand below the baby!
I know.
Now we had new games to play.
Ready?
Be careful!

Hab' dich! • *Wo sind meine Schlappen?* • Einige Jahre später wurde meine Schwester geboren. Und mein Cousin bekam einen kleinen Bruder. • *Halt' das Baby von unten! / Ich weiß!* • Jetzt spielten wir ganz neue Spiele. / *Bereit? / Seid vorsichtig!*

One day, Amma called me.

Tell me something...
Hmm?
Don't you wish you had a brother too? Like your cousin?
No.
But it's so nice to have one.
When you sisters get married and leave..
...he will take care of your parents.
No..
But I don't want any brother!
And I will never leave!

Eines Tages rief mich Amma zu sich. / *Erzähl' mal … / Hmm?* • *Hättest du nicht lieber einen kleinen Bruder, wie dein Cousin?* • *Nein.* • *Aber es ist gut einen zu haben. Wenn deine Schwestern weggehen, um zu heiraten, … wird er sich um deine Eltern kümmern.* • *Nein. Aber ich will keinen Bruder. Und ich werd' nie weggehen!*

I didn't like that at all.

And to think she might even wish I was a boy?
Wasn't I enough?

Listen
Noo

I couldn't
bear it.

I began to resent her.

Get me sugar from the kitchen, Reshu?

Mir hat das gar nicht gefallen. • Und mir vorzustellen, dass sie wünschte, ich wäre auch ein Junge? War ich denn nicht genug? Das konnte ich nicht ertragen. / *Hör' doch / Nein* • Ich fing an ihr das übelzunehmen. / *Hol' mir mal den Zucker aus der Küche, Reshu.*

I found out much later
that Amma had tried to
convince my mother
to have another baby
- a boy.
But my parents were
happy having us,
and it didn't work.

Despite everything,
Amma always treated all
of us kids the same.

But she wasn't
an ideal anymore.

What I had made of her, wasn't all of her.
I was only looking at parts.

Ich fand viel später heraus, dass Amma versucht hatte meine Mutter zu überzeugen noch ein Baby zu bekommen – einen Jungen. Aber meine Eltern waren froh uns zu haben, und es gelang nicht. Trotz alledem behandelte Amma uns Kinder immer gleich. / Aber sie war kein Vorbild mehr. / Das Bild das ich von ihr hatte, machte nicht ihre ganze Person aus, nur einen Teil davon.

My heroine was a *flawed* person.
Loving her became easier, accepting that.
Everyone is a work in progress.
Here
Even our role models.
end~

Meine Heldin hatte ihre Schwächen. • Sie zu lieben war einfacher, wenn man das akzeptierte. • Wir alle befinden uns in einem Entwicklungsprozess. • *Hier* / Auch unsere Vorbilder. / Ende

Bitch
by
PRABHA
MALLYA

Bitch
like
her
coffee
BLAK

Bitch don tell me where she go

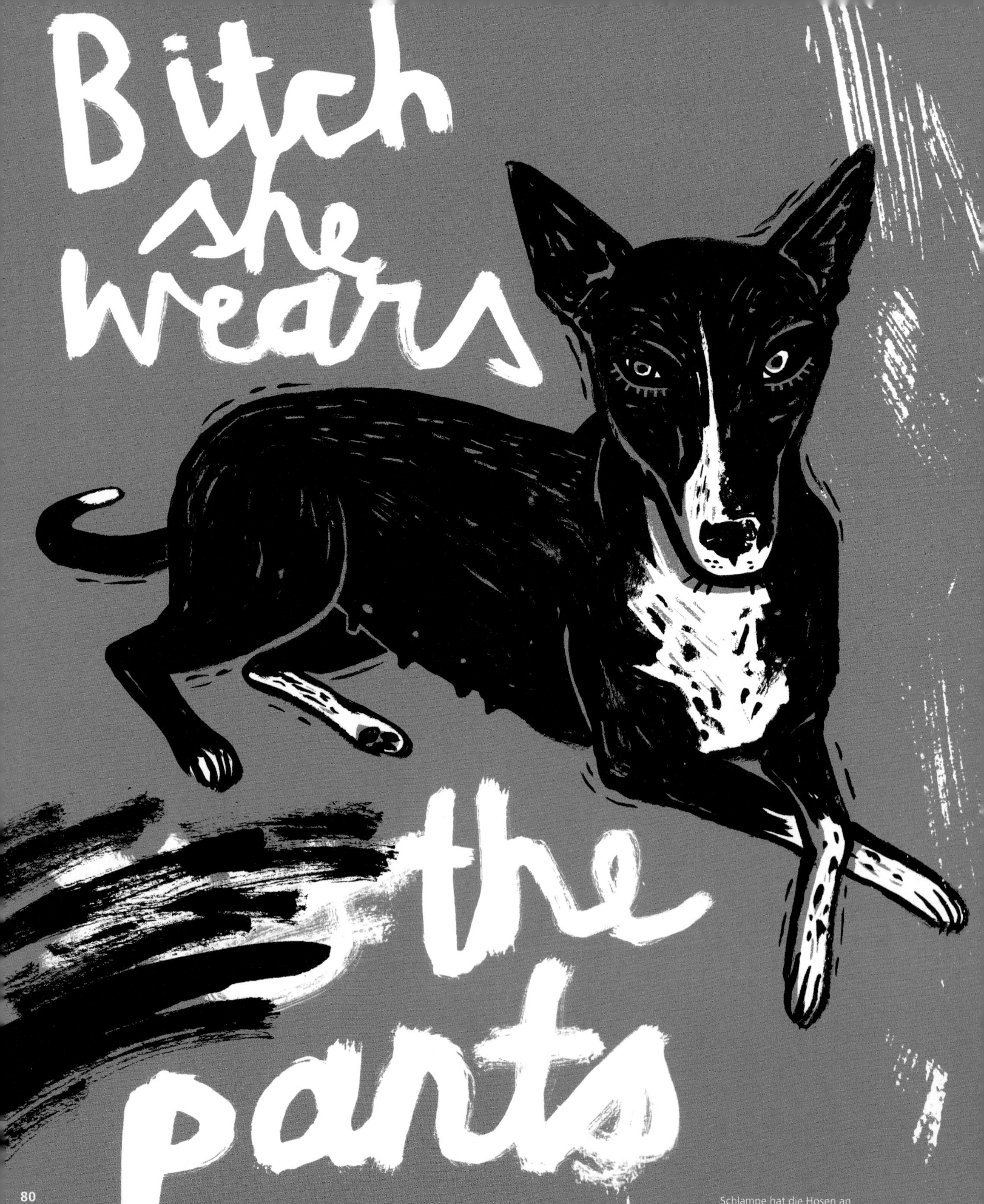
Bitch she wears
the pants

Schlampe hat die Hosen an

Bitch
her mama
a bitch 2

la bicha

Bitch be high again

Bitch where's your bra

Bitch
please
you too 2
old 4 that

bitch you
is 50

Bitch do what she want

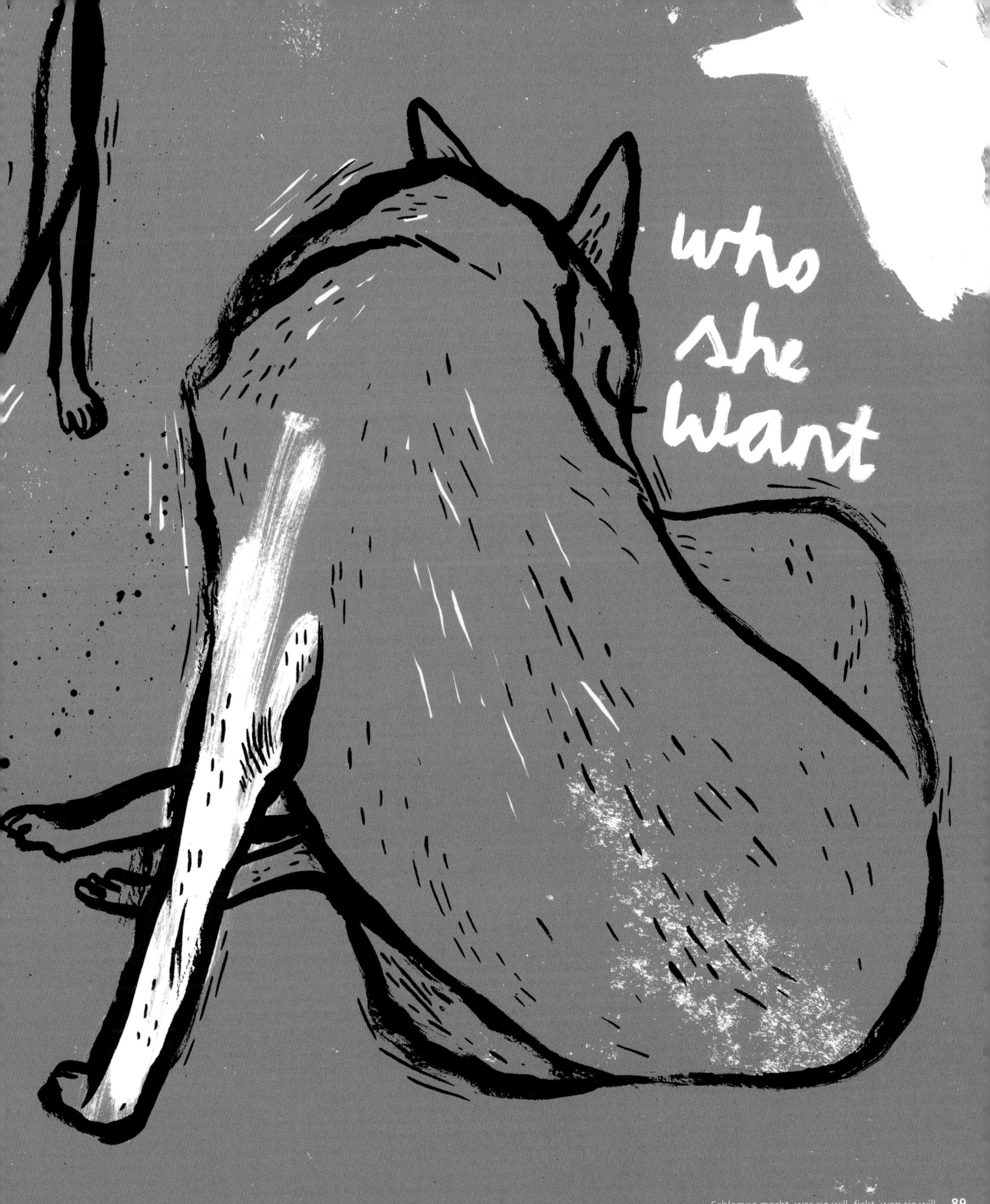
who
she
Want

Bitch
don'
need
me

Mama, kuck mal! Könnte ich vielleicht…
Ein Büstenhalter? Na komm.
Da gibt's doch noch nichts zu halten.
Barbara Yelin 2016
Ich, 16.

Ich wollte IMMER einen.
Um wenigstens das **Gefühl** zu haben, es gäbe etwas zu halten.

Desire *Mama, look! Maybe I could … / A bra? Come on. / There's nothing for it to support.* / Me, 16. / I had ALWAYS wanted one. At least to have the feeling that there was something there for it to support.

Whose Bra is it anyway?
IT WAS A BEAUTIFUL, RED, LACY BRA.
AND IT DID NOT BELONG TO ME.
IT HAD BEEN LEFT BEHIND AMONG OTHER THINGS BY THE PREVIOUS OCCUPANT OF THE GUEST HOUSE I WAS PUT UP IN.
I TRIED TO IMAGINE THE WOMEN THIS BRA COULD HAVE BELONGED TO.
MY REVERIE WAS SOON INTERRUPTED
KNOCK KNOCK
SORRY TO BOTHER YOU, DEAR. BUT I WAS OCCUPYING THIS ROOM BEFORE YOU AND I THINK I'VE LEFT SOME THINGS IN THE CUPBOARD
THANK YOU! I THOUGHT I HAD LOST THESE!
B'bye!
COOL!
END
Priya Kuriyan

Wessen BH ist das eigentlich? Es war ein schöner, roter Spitzen-BH. • Und es war nicht meiner. / Er war unter all den anderen Dingen von der Vormieterin des Hauses, in dem ich untergebracht war, zurückgelassen worden. • Ich versuchte, mir die Frau vorzustellen, welcher der BH gehörte. • Meine Tagträumerei wurde alsbald beendet. / Klopf Klopf • *Entschuldige, dass ich störe, Liebes. Aber ich bin die Vormieterin und denke, dass ich ein paar Dinge im Schrank vergessen habe.* • *Herzlichen Dank! Ich dachte schon, ich hätte die Sachen verloren.* • *Tschüß!* • *Cool!*

Erste Liebe
ES SCHMERZTE, ALS SIE AUFTAUCHTEN
f(x)=4x5-2√x
DANACH WAR ICH ÜBERASCHT, WIE GUT SIE SICH ANFÜHLTEN.
MEINE HAND SCHLICH HEIMLICH UNTERS T-SHIRT UND STREICHELTE SIE ZÄRTLICH.
ullilust 2016

BH-MYTHOLOGIE
MEINE MUTTER HAT VIER KINDER UND IMMER NOCH SCHÖNE BRÜSTE.
ULLI! ZEIT ZUM SCHLAFEN GEHEN!
DAS WEISS ICH, DENN SIE HAT DIE ANGEWOHNHEIT, IHRE KLEIDER NACHTS SORGFÄLTIG ÜBER EINEN STUHL IM WOHNZIMMER ZU HÄNGEN.
MIT EINEM KLEINEN LÄCHELN RIEB SIE HAUTSTELLEN, AN DENEN DER BH STREIFEN HINTERLASSEN HAT, BEVOR SIE IN IHR NACHTHEMD SCHLÜPFTE.
Seufz
EINE FRAU SOLLTE IMMER EINEN BÜSTEN=HALTER TRAGEN!
SONST FANGEN DIE BRÜSTE AN ZU HÄNGEN.
OH!
JAHRE SPÄTER – ICH HATTE SELBST EIN KIND –, FÄLLT MIR AUF, SIE HAT VERGESSEN ZU ERWÄHNEN, DASS SIE NIE GESTILLT HAT.
UND DASS ICH NACH DEM AUS=ZIEHEN DIESELBE GESTE MACHE.
ullilust 2016

First love It hurt when they first appeared. • Afterwards, I was surprised how good they felt. • My hand secretly slipped under my T-shirt and stroked them tenderly. • **Bra mythology** My mother had four children, yet her breasts were still beautiful. / *Ulli, bedtime!* • I know because she has the habit of carefully hanging her clothes over a chair in the living room at night. • Grinning ever slightly, she'd rub where her bra had left stripes before putting her nighty on. • *A woman should always wear a bra.* • *Otherwise, breasts tend to sag.* / *Oh!* • Years later, after I'd had a child of my own, I recalled that she never mentioned never having breastfed. Now I make the same movements when I take my clothes off.

sometimes
Ludmilla Bartscht
SOMETIMES I WEAR A BRA SOMETIMES NOT.
NEW STUFF
I OFTEN USED TO GET CLOTHES FROM FRIENDS OR MY MOTHER.
THANKS MOM!
I DID NOT CARE AND THINK MUCH ABOUT BRAS.
ENOUGH!
I WANT MY OWN NEW BRA!
WHEN I HAD PASSED MY THIRTIETH BIRTHDAY IT SUDDENLY STRUCK ME.
ONE SIZE SMALLER, PLEASE!
YES, OF COURSE
SO I WENT TO AN UNDER-WEAR-BOUTIQUE AND GOT MY OWN NEW BRA.
LB
NOW I SOMETIMES WEAR THIS NEW BRA AND SOMETIMES NOT.

Manchmal Manchmal trag' ich einen BH, manchmal nicht. • *Neues Zeug* / Ich bekam oft Klamotten von meinen Freunden oder meiner Mutter. • *Danke, Mama!* / Ich hab' mir nie viele Gedanken über BHs gemacht. • *Genug! Ich will meinen eigenen neuen BH!* / An meinem 30. Geburtstag jedoch hatte es mich erwischt. • *Eine Größe kleiner, bitte!* / *Ja, gerne.* / Also ging ich in eine Unterwäsche-Boutique und kaufte mir einen eigenen neuen BH. • Jetzt trage ich diesen BH manchmal und manchmal auch nicht.

Juicy Lucy
№ 1
Ludmilla Bartscht

Juicy Lucy
№ 2
HAIRY ISSUE
NOOOOO!
NOT AGAIN!
LB

Haarige Angelegenheit *Neiiin! / Nicht schon wieder!*

Juicy Lucy
№ 3
HI BRA LO BRA
YOU LOOK DELICIOUS, HONEY!
YOU, TOO SWEETY!
LOOK SOMEBODY COMING!
I FORGOT MY GLASSES... ...WHO IS IT?
YUCK!!!
WHAT?
SHE HASN'T SHAVED!
ISN'T THAT HIGHLY UNHYGIENIC?
YOU LOOK LOVELY LADIES!
HEHE YOU TOO!
YEAH HEHE
I WOULDN'T EVEN THINK OF.....
...LEAVING THE HOUSE LIKE THAT!
YOU READ MY MIND SISTER!
SHAVING IDENTIFIES US AS TRUE DELICATE FEMALES!
INDEED!
UNTHINKABLE!
EXACTLY!
WE ARE LOVED BECAUSE OF IT!
TRUE!
SO TRUE!
LB

Hi Bra Lo Bra *Du siehst zum Anbeissen aus, Liebes! / Du auch, Süße! • Schau, da kommt jemand! / Ich habe meine Brille vergessen … wer ist es denn? • IIIIIGITIGIT! / Was ist los? • Sie hat sich nicht rasiert! / Ist das nicht höchst unhygienisch? • Ihr seht super aus, Ladies! / Hehe, Du auch! / Jaha! Hehe! • Schier der Gedanke daran, … / … so aus dem Haus zu gehen! Du sprichst mir aus der Seele, Schwester! • Das Rasieren macht uns zu wahren, begehrenswerten Frauen! / Jawohl! • Undenkbar! / Genau! • Dafür werden wir geliebt! / Wahr! So wahr!*

Juicy Lucy
Nº 4
NATURALLY
COME! COME!
HI, HOW ARE YOU?
HI, LUCY! FINE THANKS... THE DAILY CATASTROPHES ... YOU KNOW?!
HEY THERE!
ARN'T THEY SWEET?
WHEN ARE YOU GOING TO HAVE KIDS?
WELL, I DON'T KNOW IF...
OH.... IS IT SOME SORT OF A... ...MEDICAL ISSUE?
NO! IT'S JUST... ...I'M NOT SURE IF I WANT KIDS?
I THOUGHT IT JUST HAPPENED NATURALLY!
YES, I ALSO THOUGHT SO, BUT.. .....
SORRY GOTTA GO! LET'S MEET FOR A COFFEE SOON!
SURE! SEE YOU
LB

Natürlich *Kommt, kommt • Hi, wie geht's? / Hi, Lucy! Danke, gut! Die täglichen Katastrophen, du weisst schon … • Hi, ihr! / Sind sie nicht süß? Wann wirst du Kinder haben? • Naja, ich weiss nicht, ob … / Oh, ist es etwa eine … medizinische Sache? • Nein! Es ist nur … ich bin mir nicht sicher, ob ich Kinder haben möchte. / Ich dachte, das kommt ganz von alleine! • Ja, das dachte ich auch, aber … / Sorry, muss los! Lass bald mal Kaffee trinken! • Sicher, bis bald!*

Juicy Lucy
Nº 5
PROMISES
loved & sexy
EVERYTHING YOU DREAM OF
LB

Versprechen Geliebt & sexy / Träume werden wahr

Juicy Lucy
№ 6
PARTY
COMING 2 THE PARTY 2NIGHT ?
LOOKING 4WARD 2 IT! CU
READY!
WE CAN DO THIS!
SIGH!
LB

Party *Kommst du zur Party heute? • Ja, freu mich drauf. Bis später! • Bereit! • Wir schaffen das! • SEUFZ!*

Juicy Lucy
№ 7
SORRY
TIME FOR A COFFEE?
NO
SORRY
OH, WELL, SEE YOU AROUND!
YEAH
SO SORRY!
WHY DO YOU ALWAYS APOLOGIZE?
BECAUSE I FEEL SORRY ABOUT IT.
BUT YOU DON'T HAVE TO!
SORRY
NO! YOU SAY IT SO MUCH, I DON'T BELIEVE YOU ANYMORE!
OH NO! SORRY!
NO! STOP IT!
SORRY
SORRY
NO NO NOO SORRY SORRY
NOOOSORRY
NOOOSORRRY
PANT
PANT
SORRY
NO
LB

Sorry *Na, Zeit für einen Kaffee? / Nein! / Tut mir leid! • Naja, dann bis bald mal … / Ja / Tut mir echt leid! • Warum entschuldigst du dich immer? / Weil es mir leid tut. • Aber das musst du nicht! / Sorry! • Nein! Du sagst ständig ‚sorry', ich glaube dir nicht mehr! / Oh nein, das tut mir leid! • Nein! Lass das! / Sorry! Tut mir leid! • Nein! Nein! Nein! / Sorry! Sorry! Sorry! • Schnauf / Schnauf • Sorry! / Nein!*

Freude

Kann mir nicht helfen *Guten Morgen! / Hi • Was ist los? • Nichts! / Hör' auf damit! • Ok. / Gut. • Sorry, ich kann mir nicht helfen … dein Po ist so süß! / WAS?*

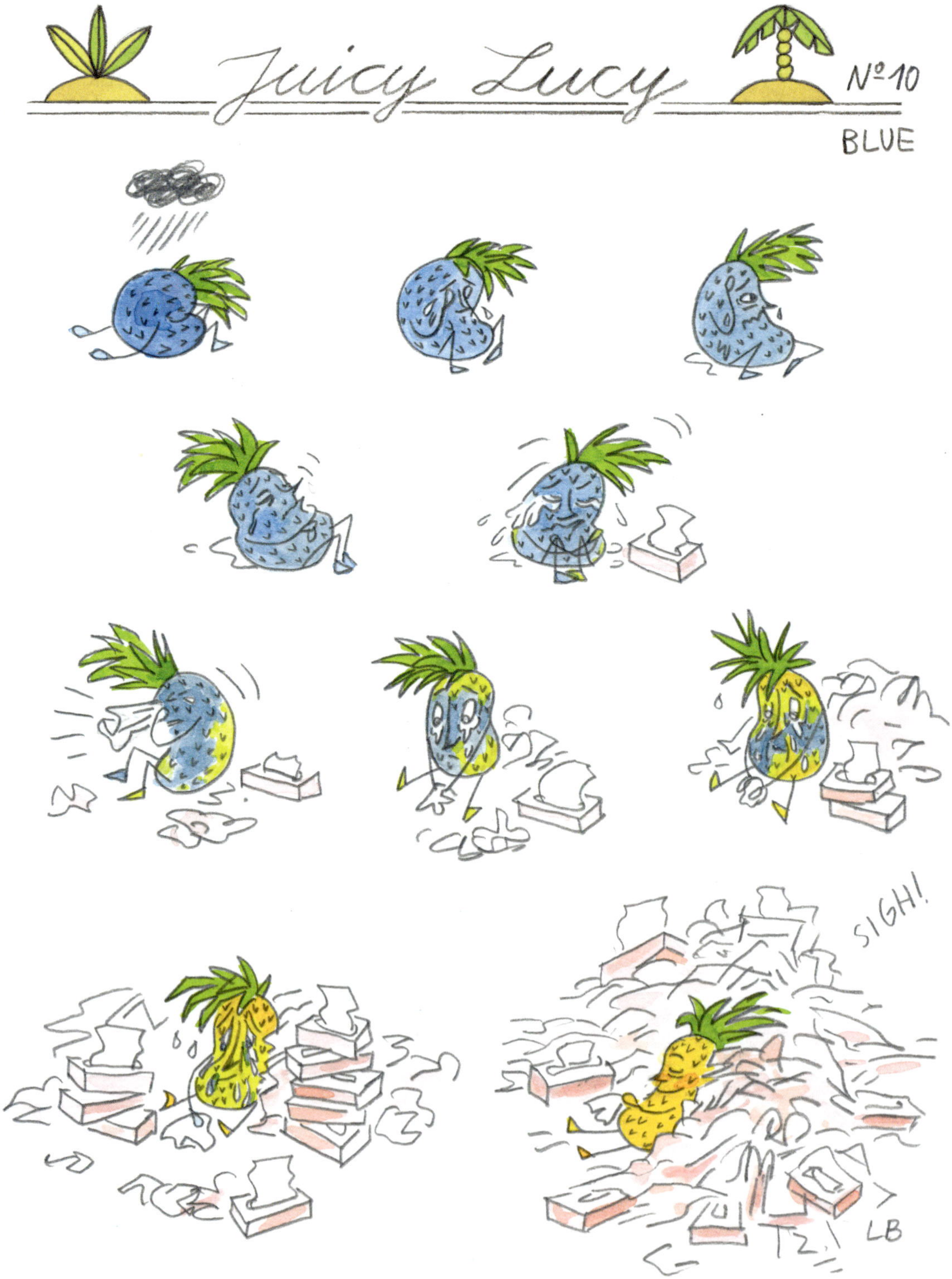

Deprimiert *Seufz!*

Juicy Lucy
№ 11
MONTHLY
HMM LET'S CHECK LAST MONTH...
...7...14... 21... ...28! THERE!
WHAT IF MAYBE THIS TIME MY PERIOD DOESN'T COME?
BUT LATER...
OOOUUUUCH!
SAFT
CHIPS
ZZZZZZ
LB

Monatlich *Hm, mal sehen … letzten Monat …* • *7, 14, 21, 28 … da!* • *Was, wenn meine Periode diesen Monat nicht kommt?* • Später dann / *Auuutsch!* • *Zzzzzz*

Juicy Lucy
Nº12
SAILOR JUICE
I TOLD YOU, DUDE!
YEAH, HAHAHA SO COOL HAHA
BUDDY, WHAT'S UP?
HI JUICY!
HEY, DELICIOUS!
SHE'S RIPE MAN!
HMMM SWEET THING!
LET'S HAVE OUR SHARE BABY!
YESSSS!

Sailor Juice *Ich hab´s dir gesagt, Alter! / Ja, hahaha, so cool, haha! • Was geht, Kumpel? / Hi, Juicy! / Hi, Süße! / Hmmm, du süßes Ding! Die ist reif, Mann! • Gib' uns was ab, Baby! • Genauuu!*

WHA...?
I AM SAILOR JUICE!!!
IN THE NAME OF ALL JUICES I WILL PULP YOU!!!
¡¡¡¡AAH!
TAKE THAT SUCKER!
CHOP!
CHOP!
CHOP!
CHOP!
CHOP!
CHOP!
CHOP!
LB

Wa …? • Ich bin Sailor Juice! Im Namen aller Säfte, werde ich euch zermatschen! • IAAAAH! • Nimm das, Trottel! / Tschack! Tschack! Tschak! Tschak! Tschack! Tschak! Tschak!

Juicy Lucy
Nº13
DESIRE
I WISH I HAD BOOBS!
TELL ME ABOUT YOUR DESIRE FOR BREASTS!
I GUESS IT'S BECAUSE THEN I COULD GO AND BUY A BRA!
I SEE... AND THEN WHAT WOULD YOU DO WITH IT?
WEAR IT OF COURSE!
I WOULD FEEL SO EXOTIC!
SIGH! BUT I KNOW, I'M JUST A PLAIN PINEAPPLE!
LB

Wunsch / Traum *Ich wünschte, ich hätte Brüste! / Erzählen Sie mir von Ihrem Wunsch nach einem Busen! • Ich denke, es liegt daran, dass ich dann einen BH kaufen gehen könnte! • Verstehe … und was würden Sie dann damit machen? / Tragen, natürlich! • Ich würde mich so exotisch fühlen! • SEUFZ! Aber ich weiss, ich bin nur eine stinknormale Ananas.*

Juicy Lucy
№ 14
LOVE
HEE!
AH COME ON!
STOP TOUCHING MY BUTT ALL THE TIME!
BUT I LIKE IT!
WELL I DON'T!
SMACK
YOU LIKE MY ASS BETTER THAN ME!
NO! THAT'S NOT TRUE!
OF COURSE I LIKE YOU FIRST!
REALLY?
LB

Liebe *Heee!* • *Ach, komm schon! / Hör' auf dauernd meinen Po zu befummeln!* • *Aber ich mag es! / Ich aber nicht!* • *SCHMATZ / Du magst meine Arsch lieber als mich!* • *Das stimmt nicht! / Natürlich mag' ich in erster Linie DICH! / Wirklich?*

Juicy Lucy
Nº15
CLEAR INTENTIONS
HI NICE TO MEET YOU!
HI, NICE TO MEET YOU, TOO!
LUCY
JOE
I HAVE TO GO THIS WAY!
ME, TOO!
HAHA HAHA
HAHA HIHI HI
WITH MY BOYFRIEND
JOE?
PUFF
VANISHED...
... JUST BECAUSE I HAVE A BOYFRIEND!
THAT SUCKS!
MAYBE I AM A NICE PERSON WORTH KNOWING ANYWAY!
MAYBY NOT?
LB

Deutliche Intentionen *Hi, freut mich dich kennen zu lernen! / Hi, freut mich auch! • Lucy / Joe • Ich muss hier lang! / Ich auch! • Hahahahaha • … mit meinem Freund … • Joe? • Verschwunden … • Nur, weil ich einen Freund habe! Wie beschissen! • Vielleicht bin ich eine nette Person, die es wert ist, kennenzulernen. • Oder etwa nicht?*

Juicy Lucy
Nº16
POSSIBILITIES
HI, I'M LUCY AND WHO ARE YOU?
HI, MY NAME IS JOE.
SHE SEEMS TO BE VERY INTERESTED IN ME...
I HOPE SHE DOESN'T WANT ME TO BE HER BOYFRIEND
HI, I'M LUCY, I HAVE A BOYFRIEND
SO?
BUY! GREETINGS TO YOUR BOYFRIEND!
HI, I'M LUCY, I HAVE A BOYFRIEND!
HI ... OH I SEE...
HI, I'M LUCY AND WHO ARE YOU?
HI, MY NAME IS JOE.
I HOPE SHE DOESN'T HAVE A BOYFRIEND!
IF SHE DOES ...
...I GUESS SHE'S COOL AS A FRIEND, TOO!
LB

Möglichkeiten *Hi, ich bin Lucy, wer bist du? / Hi, mein Name ist Joe. / Sie scheint sehr an mir interessiert zu sein. • Hoffentlich will sie mich nicht als ihren Freund! • Hi, ich bin Lucy. Ich habe einen Freund. / Und? • Tschüss! Grüße deinen Freund! • Hi, ich bin Lucy. Ich habe einen Freund. / Hi! … Oh, verstehe … • Hi, ich bin Lucy, wer bist du? / Hi, mein Name ist Joe. / Hoffentlich ist sie nicht vergeben! • Was, wenn doch … wahrscheinlich ist sie auch als Kumpel cool.*

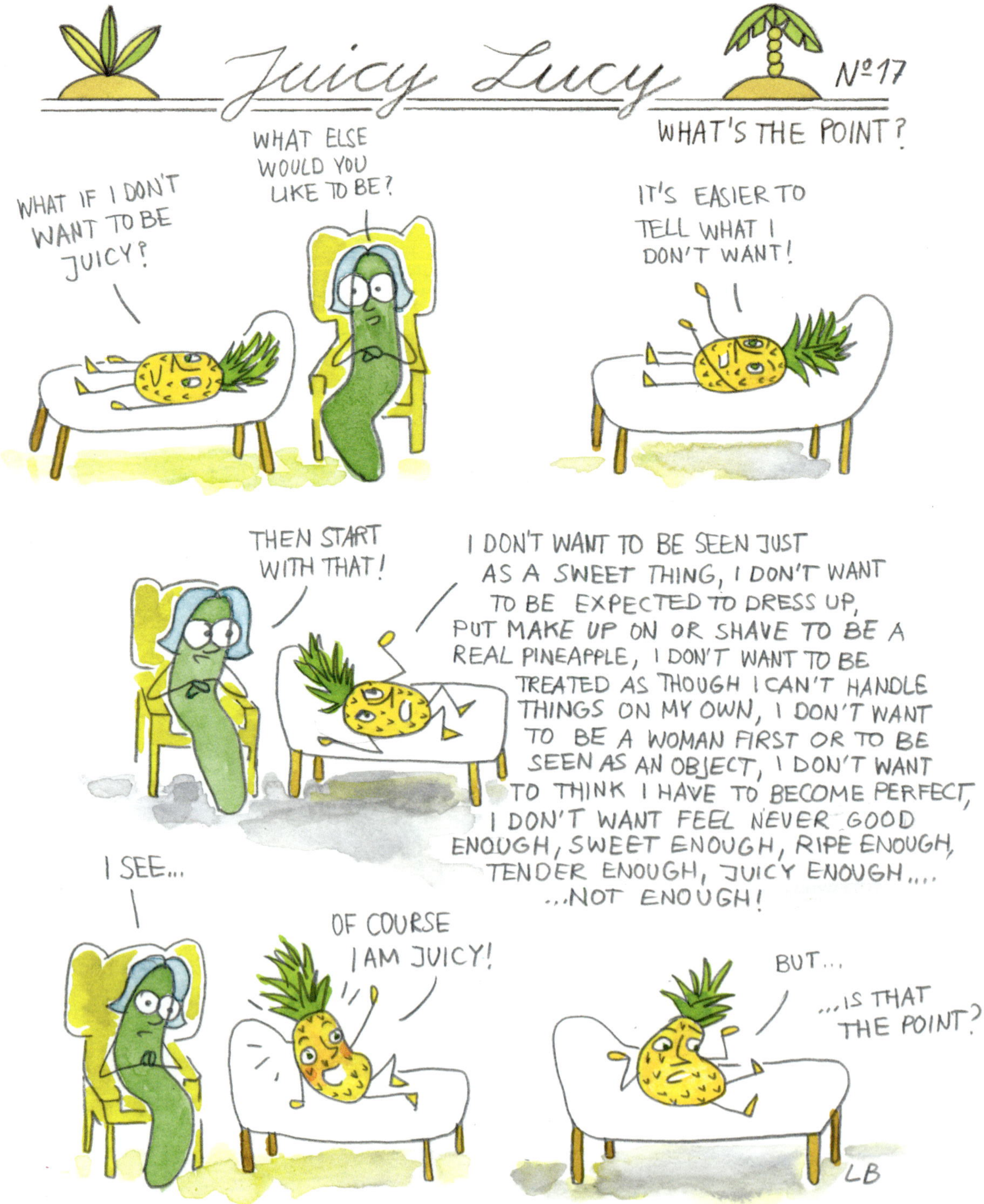
Juicy Lucy
Nº17
WHAT'S THE POINT?
WHAT IF I DON'T WANT TO BE JUICY?
WHAT ELSE WOULD YOU LIKE TO BE?
IT'S EASIER TO TELL WHAT I DON'T WANT!
THEN START WITH THAT!
I DON'T WANT TO BE SEEN JUST AS A SWEET THING, I DON'T WANT TO BE EXPECTED TO DRESS UP, PUT MAKE UP ON OR SHAVE TO BE A REAL PINEAPPLE, I DON'T WANT TO BE TREATED AS THOUGH I CAN'T HANDLE THINGS ON MY OWN, I DON'T WANT TO BE A WOMAN FIRST OR TO BE SEEN AS AN OBJECT, I DON'T WANT TO THINK I HAVE TO BECOME PERFECT, I DON'T WANT FEEL NEVER GOOD ENOUGH, SWEET ENOUGH, RIPE ENOUGH, TENDER ENOUGH, JUICY ENOUGH.... ...NOT ENOUGH!
I SEE...
OF COURSE I AM JUICY!
BUT...
...IS THAT THE POINT?
LB

Was ist der Sinn? *Was, wenn ich gar nicht Juicy sein will? / Was wären Sie denn lieber? • Es ist einfacher zu sagen, was ich nicht will! • Dann beginnen Sie damit! / Ich will nicht nur als süßes Ding betrachtet werden, ich will nicht, dass von mir erwartet wird, mich schick zu machen, zu schminken oder zu rasieren, um mich als echte Ananas zu fühlen, ich will nicht behandelt werden, als ob ich das nicht alleine kann, ich will nicht nur als Frau oder Objekt gesehen werden, ich will nicht denken, dass ich perfekt sein muss, ich will nicht das Gefühl haben, nie genug zu sein, nicht gut genug, nicht süß genug, nicht reif genug, nicht zart genug, nicht saftig genug … nicht genug! • Verstehe … / Natürlich bin ich Juicy! • Aber … ist das der Sinn?*

my secret crop
kaveri gopalakrishnan

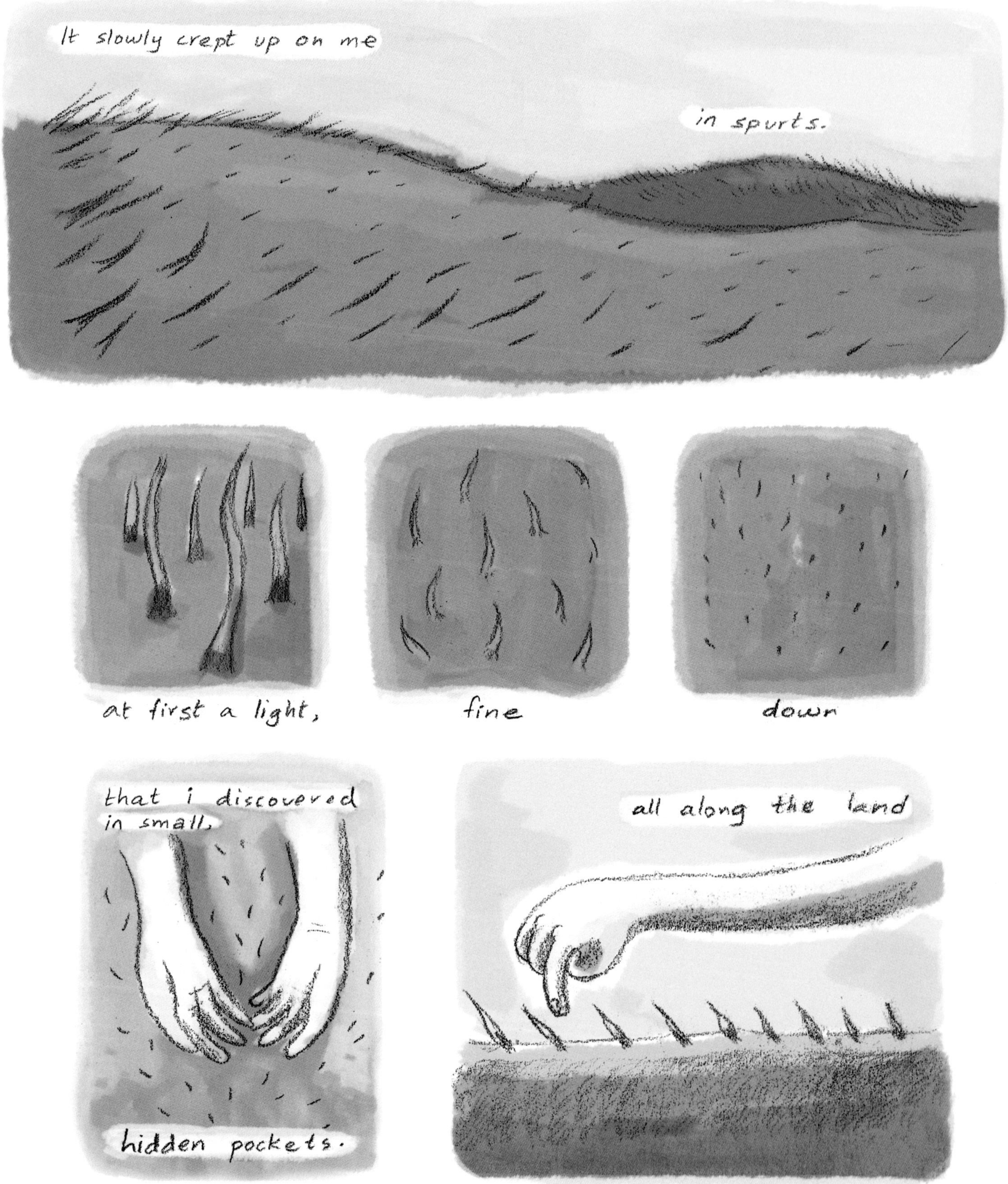
It slowly crept up on me
in spurts.
at first a light,
fine
down
that i discovered in small,
hidden pockets.
all along the land

Es schlich sich langsam an mich heran / schrittweise. • Erst als leichter • feiner • Flaum, • den ich in kleinen, versteckten Taschen fand, • über das ganze Land verteilt.

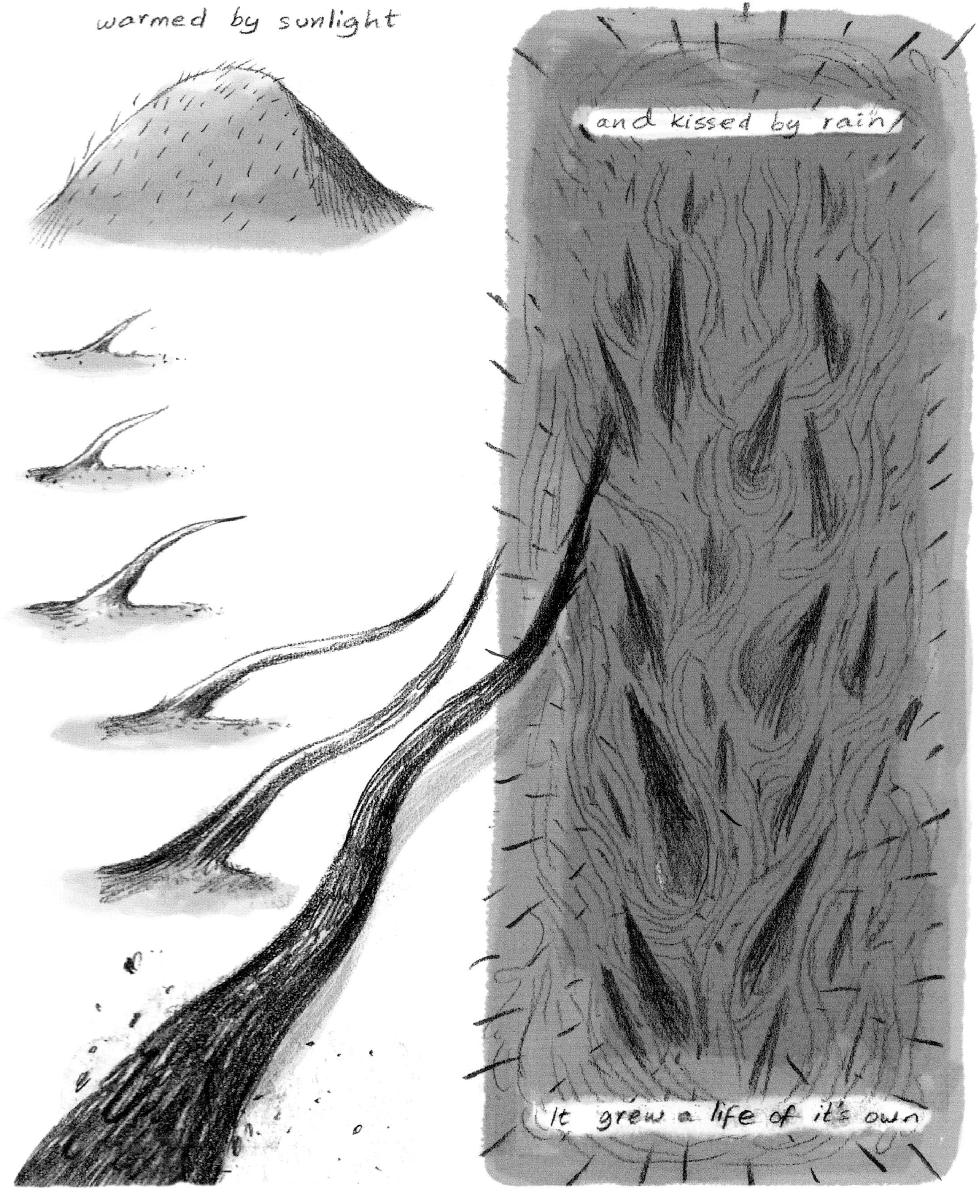
warmed by sunlight
and kissed by rain
It grew a life of it's own

Gewärmt vom Sonnenlicht • und geküsst vom Regen / entwickelte es ein Eigenleben.

It gave me comfort in those times.
"what're you looking at?"
uhm
nothing
HaHAHA
Okay fine
you should have seen your face
ALWAYYYS Keeping Secrets ha?
teenagers

Es tröstete mich damals. / *Was kuckst du denn so?* • *Ähm. Nichts.* • *Hahaha. Okay, alles gut, du hättest mal dein Gesicht sehen sollen. Immmmer geheimnisvoll, he?* • *Teenager!*

I felt almost protective of this pale young crop
and it felt protective of me, in turn
ABOUT my crop
it ruffled slightly in the breeze
thin stalks, tender to the touch and tough
leaning forward, eagerly

Ich hatte das Gefühl dieses blasse, junge Gewächs beschützen zu wollen, • und es wollte mich beschützen. • Über mein Gewächs / Es raschelte ein wenig in der Brise • dünne Stiele, weich anzufassen und hart im Kern / lehnen sich erwartungsvoll nach vorne.

As i grew
so did they.
They scattered over valleys
in hidden places
perhaps
a cove
Quietly creating
rainshadow areas
for me to discover.

Während ich wuchs, wuchsen auch sie / sie verteilten sich in den Tälern • an versteckten Orten • vielleicht in einer Höhle • und schufen leise Regenschattenflecken, / die es für mich zu entdecken galt.

as i grew
so did doubt.
BUT WHY?
YOU CAN'T LET THEM GROW SO MUCH
NOT NATURAL
I'LL GIVE YOU A NUMBER FOR THAT
TOO NATURAL
BEFORE YOU KNOW IT, THEY'LL BE OUT OF CONTROL
THERE'S A PLACE FOR FORESTS, AND THAT'S NOT THE CITY
LISTEN...
JUST LISTEN TO THOSE OLDER THAN YOU NO?

Während ich wuchs, • wuchs auch der Zweifel. • *Aber warum? / Du kannst es doch nicht so arg wachsen lassen. / Nicht natürlich. / Ich geb' dir eine Nummer dafür. / Zu natürlich. / Bevor du dich umschaust, gerät es außer Kontrolle. / Es gibt Orte für Wälder, doch die Stadt ist keiner davon. / Hör' doch mal … / Hör' doch auf jemanden mit mehr Lebenserfahrung, he?*

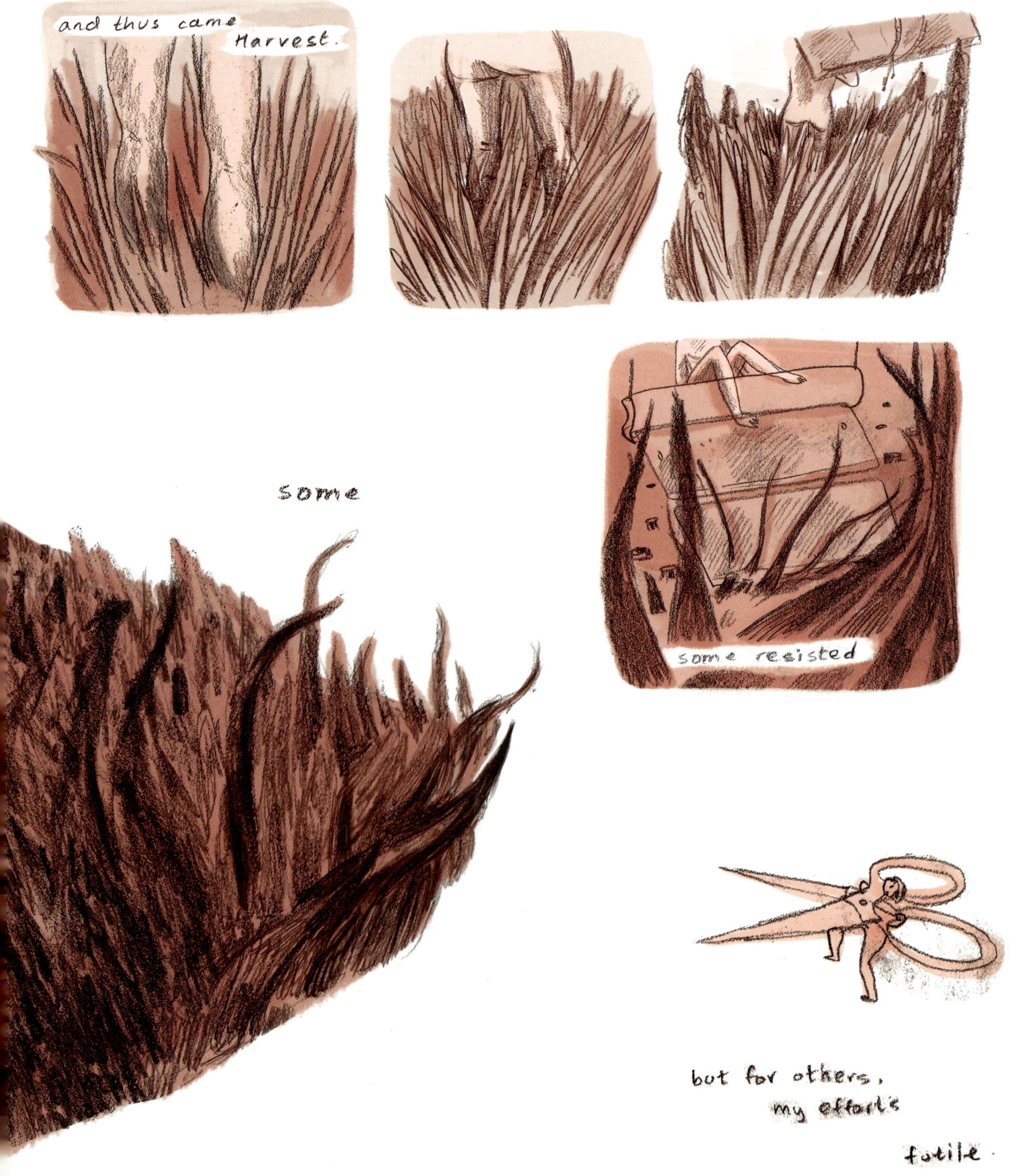
and thus came Harvest.
some
some resisted
but for others, my efforts
futile.

Und dann kam die Ernte. • Einige, • einige wehrten sich, • doch für andere. Meine Bemühungen – zwecklos.

I told myself that this was inevitable,
that i wasn't young and wanted a garden, not a crop
barren
neat
"clean"
garden.
i felt nothing

Ich sagte mir, es sei unausweichlich. • Dass ich nicht jung war und einen Garten wollte, keine Ernte. • Einen kargen / ordentlichen / „sauberen" Garten. / Ich fühlte nichts.

I searched high
and
dry
and low.

Ich suchte hoch oben, im Trockenen, und weit unten.

a new season

a fresh start

wild wonderfully
wild
and all mine

protective
all encompassing
terrifyingly
real
and comfortable

Eine neue Saison, / ein neuer Start: / wild, wunderbar wild und alles mein – / beschützend, / allumfassend, / erschreckend real / und angenehm.

my secret
crop

DER HUNGRIGE GAST

FRÜHMORGENS IM ATELIER
iiiieee
ACH, DAS IST BLOSS DAS ENDSTÜCK EINER BANANE.
NEIN! ES IST EIN WURM. EIN RIESIGER HOLZWURM EKELIG!
VERMUTLICH SEHEN WIR HIER SEINEN HINTERN UND ER FRISST SICH EINEN WEG DURCH DEN TISCH.
GUTEN MORGEN!
GUTEN MORGEN BARBARA, WIR HABEN EINEN BESUCHER!
JEDE EINTRUDELNDE KOLLEGIN BEKOMMT EINE IMMER AUS= SCHWEIFENDERE PRÄSENTATION.
DARF ICH DIR UNSEREN NEUEN MITBEWOHNER VORSTELLEN? ER SPRICHT WEDER ENGLISCH, NOCH DEUTSCH, NOCH FRAN= ZÖSISCH, SEIN NAME IST ...
MITTAGS
WO IST PINTU?
ICH HABE IHN RAUSGEZOGEN UND IN DIE BÜSCHE GESETZT.
NINA
ABER WIR HABEN IHM SCHON EINEN NAMEN GEGEBEN.
ullilust 2016

The hungry guest Early in the morning in the studio. / *Iiiihhh!* • *Oh, that's only the end of a banana.* / *No! It's a worm, a huge timber worm! How disgusting!* • *We can probably only see its bottom while it munches its way through the table.* • *Good morning!* / *Good morning, Barbara. We have a visitor!* • Each colleague was regaled with an ever more detailed presentation on arrival. / *May I introduce our new housemate? He speaks neither English, nor German, or French, and his name is …* • Midday / *Where is Pintu?* / *I pulled him out and put him in the bushes outside.* • *But we'd already given him a name!*

Lucky Nina
Iiiiih!
Nrytiagram 2016:
Spätabends in Zimmer Nr. 3
AAAAAH
E-Eine Spinne!
Soo GROSS!
Im Bad!
Bibber
Nina
!?
Echt?!
Ok. Ich kümmer mich drum.
Wahl der Waffe
Bibber
Iih!
BÄM
Wow.
Na lauf.
OH DANKE
NINA Du bist SOOO mutig!!
oh my GOD
Tja
Keine Ursache
cough
KLACKEDI KLACK
Barbara Yelin 2016

Lucky Nina *Eeeeeee!* / Nrytiagram 2016: Late evening, Room 3. • *Aaaaaah* • *A … a spider! / THIS BIG! / In the bathroom! / Whimper / Nina* • *OK, I'll take care of it. / Really?!* / Weapon of choice • Whimper • *Eee!* / BAM • *Now, run! / Wow.* • *Oh, thank you! / Nina, you're so brave!! / Oh, my God* • *Yup. / No problem.*

… zuliebe Nrityagram (Bangalore), Febr. 2016. Ich sitze hier umgeben von so vielen talentierten Illustratorinnen und starken Frauen und wundere mich, ob ich das Talent habe eine sehr persönliche Geschichte zu erzählen. Dies ist die Geschichte meiner Ma (Mutter) und Ammamma (Großmutter mütterlicherseits). Werden Sie es billigen?

for the sake of
Kruttika Susarla
Nrityagram (Bangalore), Feb 2016. I'm sitting here surrounded by so many talented illustrators and strong women, wondering if I have it in me to tell a very personal story. This is the story of my ma(mother) and Ammamma(maternal grandmother).
Will they approve?

Ammamma is an extremely patient and tiny woman. Always was.
You should be out of here soon Kumar. Cheer up!
She worked as a nurse most of her life.
Summer afternoons were spent discussing the expanse of the Aravallis and the Vindhyas...
or hearing stories of how she manouvered
through a sea of crowd at the station
to get a glimpse of Gandhi
She was very actively involved in the Freedom movement wih her father.
She still wears only Khadi sarees.

Ammamma ist eine extrem geduldige und kleine Frau. Das war sie schon immer. • *Du wirst hier bald herauskommen, Kumar. Freu dich!* / Sie arbeitete die meiste Zeit ihres Lebens als Krankenschwester. • Im Sommer wurde nachmittags die Weite des Aravalli- oder des Vindhyagebirges diskutiert … • oder man lauschte ihren Geschichten, wie sie • durch die Menschenmenge des Bahnhofs manövrierte, • um einen Blick auf Gandhi zu erhaschen. • Sie war mit ihrem Vater sehr aktiv in der Friedensbewegung. Noch immer trägt sie ausschließlich Khadi Saris. (Die handgesponnenen und -gewebten Khadi Saris sind Symbol für die Unterstützung der wirtschaftlichen Autarkie Indiens vom British Empire)

My grandfather was
the opposite.
He was a tall and
hairy man who
liked throwing
his weight around.

Mein Großvater war genau das Gegenteil. Er war ein großer und behaarter Mann, der sich gern wichtig machte.

I remember this one afternoon when we were visiting them. Ammamma was serving him lunch and apparently didn't do it the 'proper' way.
He got very angry and flung his plate at her.

Ich erinnere mich noch gut an einen Nachmittag, als wir sie besuchten. Ammamma brachte ihm gerade das Mittagessen und schien es offensichtlich nicht ‚richtig' zu machen. Er wurde sehr wütend und warf den Teller nach ihr.

How dare you disrespect me by bringing your hand over my plate?

She did not say a word that day.

She adjusted to him.

When I was younger, I thought it was very weak of her to do so, but, was it?

What is strength? Is it the ability to raise your daughters well despite your circumstances?

Wie kannst du es wagen, mit deiner Hand so respektlos über meinen Teller zu greifen? • Sie sagte kein Wort mehr an diesem Tag. Sie fügte sich ihm. Als ich jünger war, hielt ich ihr Verhalten für sehr schwach, doch war es das? Was bedeutet Stärke? Ist es die Fähigkeit seine Töchter gut großzuziehen trotz der Umstände?

C.V.R RAO
How could she fight for
the country's freedom but
not her own?

Wie konnte Sie für die Freiheit ihres Landes kämpfen, doch nicht für ihre eigene?

Ma was a lot like her. She was very well educated and topped her university in Botany Honours.
DEPARTMENT OF BOTANY
LAB II
She was set to pursue a masters in Science and apply for a job...
but my grandfather refused to let her.
Nobody will marry a girl who is over-qualified.
The only way he knew to make her obey was violence.
Ma went on a hunger strike for two days...
I'm not going to eat till you let me study further.
but in vain.
Do what you will, I'm not funding your education.

Ma war ihr sehr ähnlich. Sie war überdurchschnittlich gebildet und eine Überfliegerin im Fach Botanik. / Institut für Botanik / Sie hatte vor, einen Master in Naturwissenschaften zu absolvieren und sich für einen Job zu bewerben. • Aber mein Großvater weigerte sich. / *Kein Mann wird ein Mädchen heiraten, das überqualifiziert ist.* • Der einzige Weg, den er kannte, um sie gefügig zu machen, war Gewalt. • Ma ging zwei Tage lang in Hungerstreik … • *Ich werde nichts essen, bis du mich weiterstudieren lässt.* • Aber es war vergebens. *Mach', was du willst, aber ich werde dich nicht finanzieren.*

You cannot go out for movies. No boy-friends. No boys allowed in the house.
She adjusted to his demands.
Then came the arranged marriage
I married the first guy that came home just to get out of home. Thankfully, your father turned out okay.
THE HINDU
A year into their marriage, I came along. My parents had a very open discussion that only one parent would work, so the other one could take care of the children.
No points for guessing who decided to stay back home.
She regrets that decision even today.
You have to work and be independent. There's no respect for a homemaker.
Sometimes, I wonder how Ammamma's and Ma's lives would have been if they'd made different choices. Would the next generation feel the same way about my decisions and my story?
Ma, how would Ammamma and you feel about me telling your stories?
I'm happy you're doing something I couldn't all this while...
...but it won't be a flattering one. Are you okay with that?
This is the truth. Why would I not be okay with sharing the truth?

Du darfst nicht ins Kino. Keine Freunde. Keine Jungs im Haus. • So fügte sie sich seinen Forderungen. • Dann kam die arrangierte Hochzeit. / *Ich habe den ersten Kerl geheiratet, der zu uns nach Hause kam, nur um von Zuhause wegzukommen. Zum Glück erwies sich dein Vater als OK.* • Nach einem Jahr Ehe kam dann ich. Meine Eltern hatten eine sehr offene Diskussion, dass nur ein Elternteil arbeiten würde, damit der andere sich um die Kinder kümmern könne. • Keine Frage, wer sich dafür entschied, zuhause zu bleiben. • Sogar heute noch bereut sie diese Entscheidung. • *Du musst arbeiten und unabhängig sein. Es gibt keinen Respekt für eine Hausfrau.* • Manchmal frage ich mich, wie Ammammas und Mas Leben gewesen wäre, wenn Sie sich anders entschieden hätten. Wird die nächste Generation meine Entscheidungen und meine Geschichte genauso empfinden? / *Ma, was würden Ammamma und du davon halten, wenn ich eure Geschichten erzählen würde? / Ich bin glücklich, dass du das tust, was ich all die Zeit nicht tun konnte … / … aber es wird nicht sehr schmeichelhaft werden. Ist das OK für dich? / Es ist die Wahrheit. Warum sollte es für mich nicht in Ordnung sein, die Wahrheit zu erzählen?*

Töchter

von Stephanie Wunderlich

Wenn wir Baader-Meinhof-Bande spielten, war ich die Ulrike Meinhof, die Chefin.

Ich konnte so grimmig und entschlossen gucken wie sie. Das hatte ich vor dem Fahndungsplakat an der Tankstelle geübt.

Wir spielten echte Kriminalfälle nach. Unsere Bande entführte einen Getty-Neffen und schickte seinem reichen Onkel ein abgeschnittenes Ohr als Lebenszeichen, um Lösegeld zu erpressen: eine Wurstscheibe in Ketchup getunkt.

Die richtige Baader-Meinhof-Bande entführte allerdings auch Richter, das hatte ich bei meinen Eltern belauscht.
Mein Vater war Richter.
Schrecklich – Ich wollte nicht, dass er in einen Kofferraum gesteckt wurde und dann weg war.
Das Plakat an der Tanke jagte mir jetzt einen Angstschauer über den Rücken und ich wollte nicht mehr Ulrike sein.
Der Winter kam und der Wald war viel zu kalt, um im Untergrund zu leben wie sie.

I could be as po-faced and make a determined face as she. I had practised with her picture on the wanted poster at the petrol station. / We re-enacted all manner of real criminal cases. Our gang kidnapped one of Getty's nephews, sent his rich uncle a cut-off ear – a slice of sausage dipped in ketchup – as a sign of the victim still being alive, so he'd pay the ransom. / The real Baader-Meinhof gang also kidnapped judges as I learned from listening to parental conversations. My father was a judge. How horrible – I didn't want him packed into the boot of a car, never to be seen again. The poster at the petrol station sent shivers up my spine. After that, I didn't want to be Ulrike anymore. Winter came and the forest became too cold for spending time underground like they did anyway.

Die letzten drei Wochen vor Weihnachten verließ ich kaum noch mein Zimmer. Keiner durfte es betreten. Ich war sehr beschäftigt, Geschenke für alle Familienmitglieder zu basteln.

The last three weeks before Christmas, I rarely left my room. No one was allowed in. I was busy making presents for the whole family.

Die Geschenke von damals verstauben noch immer in den Regalen meiner Mutter. Meine Eltern waren begeistert von unserer kindlichen Kreativität.

Sie lobten und förderten uns, waren verzückt und überhäuften uns mit Bastel- und Malmaterialien.
Nur am Papier wurde gespart. Meine Tante brachte für uns stapelweise Computerpapier mit kryptischen Zahlencodes aus dem Büro mit.
Meine Schwester und ich spielten Fließbandzeichnerinnen an diesen Papierbahnen.

Beide Eltern waren sehr autoritär erzogen worden. Sie hatten eine Kindheit, geprägt von Krieg, Flucht und Verlust erlebt. Vielleicht erfreuten sie sich deshalb so ungemein an den Fingerfarben-Handabdrücken ihrer wilden Kinder.

Those presents from long ago now still gather dust in my mother's cupboard. My parents were enthusiastic about our childlike creativity. / They praised us, supported us, were enchanted by what we made. They overwhelmed us with crafts and painting materials. / When it came to paper though, pennies were saved. My aunt brought us packs of computer print-out paper complete with mysterious numerical codes from her office job. / My sister and I used to play assembly line drawing artists on those long sheets of paper. / Both of our parents had very authoritarian upbringings. Their childhoods were marked by war, having to flee and loss. Perhaps that's why they were so enthusiastic about their wild children's finger-painted hand prints.

Für die Vermittlung von preußischen Benimmregeln waren meine geliebten Großeltern zuständig. Eine künstlerische Ader, wie sie zuhause gefeiert wurde, war hier nichts wert. Bei einem Mittagessen in der großen Familienrunde fragte mein Opa den einzigen männlichen Enkel:
Mein Lieber, Was möchtest Du später mal werden?
Was? Du bist ja nicht ganz bei Trost!
Künstler
r schlug mit der Faust auf
en Tisch, dass die Löffel
üpften und brüllte:
Bei uns in der Familie wird doch keiner Künstler!
Uns Mädchen hat Opa nie gefragt, was wir einmal werden möchten. Ich wäre gerne auch gefragt worden.

My dearly-loved grandparents were responsible for relaying Prussian etiquette to us. Artistic talent was not appreciated here like it was at home. Once, at lunch, my grandfather asked his only grandson while the whole family was present: *My dear – What do you want to be when you grow up?* • *An artist. / Pardon me? Get a grip!* • He hit the table with his fist, making spoons jump and hollered: *No one in our family will become an artist!* • Grandfather never asked us girls what we wanted to be when we grow up. I would've liked to have been asked.

Nach dem Essen
mussten wir Mädchen
meiner Oma beim
Abtrocknen helfen.

After the meal we girls had to help Grandmother with drying the dishes.

Mein Cousin durfte bei den Männern sitzenbleiben und deren Geschichten lauschen.
Fand ich ungerecht, obwohl es in der Küche eh viel lustiger war.

My cousin could stay with the men and listen to what they had to tell. I thought this was unfair although it was more fun in the kitchen anyway.

Mit elf wurden Ulli und ich Schlüsselkinder, weil unsere Mütter arbeiten gingen. Wir genossen unsere Freiheit, aßen Chips und Flips auf dem Heimweg, statt was Anständiges zu kochen.

Mit dreizehn bekam Ulli einen wunderhübschen großen Busen.
Ich legte erstmal nur an der Hüfte zu und versteckte sie unter umgebundenen Pullis.
Von da an aßen wir keine Chips mehr, um ja schön schlank zu bleiben.

Ulli and I became latchkey children when we were 12 as our mothers went to work. We enjoyed our freedom, and ate crisps on the way home instead of preparing a proper meal. / Ulli grew big beautiful breasts when she was thirteen. Initially, I only got slightly fatter hips which I then hid under loose jumpers. We stopped eating crisps to stay thin.

Mit 19 hatten wir beide einen Studienplatz für Grafik-Design. Wir waren so stolz!

At the age of 19 we were both accepted to study Graphic Design. We were so proud!

Nach dem Studium war ich in dieser schicken Werbeagentur angestellt. Alle Möbel weiß. Wir durften nichts Persönliches auf dem Tisch stehen haben. Der Fahrradkurier brachte Farbe in den Tag.

After attaining a degree, I got a job at a chic advertising agency. All of the furniture was white. We weren't allowed to keep anything personal on our desks. The bicycle courier brought some colour into our office life.

Ich kündigte und machte mich selbst-
ständig. Meine neuen Begleiter waren
von nun an:
Die unbändige Freude an der kreativen Arbeit
Die Angst zu scheitern

I quit and started working freelance. My new companions, from then on, were: / Endless joy of creative work / Fear of failure

Was ich nicht verstehe - warum du damsls die Anstellung aufgegeben hast?
PRESSE
Mein Vater betrachtete meine Selbständigkeit skeptisch und stellte Jahr für Jahr die gleiche Frage.
Was ich nicht verstehe - warum du damsls die Anstellung aufgegeben hast?
ERZEUGNISSE
PRESSE
Obwohl ich von meiner Arbeit gut leben konnte und meine Arbeiten in vielen Zeitungen gedruckt wurden.
Was ich nicht verstehe - warum du damsls die Anstellung aufgegeben hast?
PRESSE
ERZEUGNISSE
PRESSE
ERZEUGNISSE
Was ich nicht verstehe .....
Meine Mutter mischte sich nicht ein, aber interessierte sich nicht besonders für das, was ich da machte.

What I don't understand is – why did you give up your regular job? / My father took note of my freelance status sceptically and asked the same question every year. • Although I could make a good living and my work appeared in numerous newspapers. • My mother didn't interfere; she wasn't particularly interested in what I did either.

Ich bekam drei Kinder. Glücklicherweise schränkte
das meine Arbeitszeit kaum ein, denn eine hilfsbereite
Großmutter und mein Mann, der Vater der Kinder,
kümmerten sich ebenso um sie wie ich.

I have three children. Happily, this did not infringe much on the work, thanks to a helpful grandmother and my husband, the children's father, who took care of them as much as I did.

Zu den ständigen Begleitern
gesellte sich das schlechte
Gewissen zu wenig
Zeit für die Kinder
zu haben.
Schlaf schön, mein
kleiner Schatz!
Gehst Du
noch weg?

 A constant companion all the while was a feeling of spending too little time with the children. / *Sleep well my little dear! / Are you going out?*

Heeey
Augen zu!
Vor Weihnachten basteln die Mädchen wochenlang die tollsten Geschenke. Weil Türen nicht zugemacht werden, muss ich einfach die Augen geschlossen halten.
Fragt man diese drei Kinder von zeichnenden Eltern, was sie einmal werden wollen, so antworten alle Drei: Illustratorinnen wollen wir werden.
RAUS!
Nicht gucken!

Heeey • *Close your eyes!* • *OUT! / No peeking!* • The girls spent weeks before Christmas making wonderful gifts by hand. Since doors weren't shut, eyes had to be. • When these three children with parents who draw are asked what they want to be when they grow up, all three respond that they want to be illustrators.

Da möchte ich am liebsten mit der **Faust**
auf den Tisch hauen, die Löffel zum Tanzen
bringen und brüllen:
„In unserer Familie
werden nicht
alle Illustratoren!
Warum macht ihr nichts, womit
ihr Geld verdient, Sicherheit habt,
Krankheiten heilt, etwas Nützliches
erfindet, was Wichtiges am Laufen haltet,
Armen helft, die Umwelt schützt....

I then want to emphatically hit the table so hard that the spoons jump and holler: *"In our family, not everyone becomes an illustrator! Why don't you pursue a career to earn money, with financial security, doing something practical like curing diseases, discovering something useful or keep something important running, helping the poor or saving the environment ..."*

Der MANN den ich liebe!
OH GOTT! ICH HABE EINE NEUE FALTE! HIER!
DAS SAGST DU JEDEN TAG.
DIE HIER IST BESONDERS SCHLIMM. SIE GEHT VOM KINN HOCH BIS ZUR NASE.
ACH DIE! DIE HAST DU SEIT JAHREN
WIRKLICH? IST MIR NIE AUFGEFALLEN.
DU BIST SCHÖN, MEIN LIEBLING.
Neue Väter
SEIT DER JAHRTAUSENDWENDE IST BERLIN-PRENZLAUER BERG EINER DER GEBURTENREICHSTEN STADTBEZIRKE EUROPAS. DIE ELTERN SIND AKADEMIKER, KÜNSTLER ODER MACHEN „ETWAS MIT MEDIEN".
WENN DIE JUNGEN FAMILIEN SPAZIEREN GEHEN, SIND ES DIE MÄNNER, DIE DEN KINDER-WAGEN SCHIEBEN. „SEHT HER", SCHEINEN SIE ZU SAGEN, „WIR DEFINIEREN DIE VATERROLLE NEU."
DIESER MANN GEHT SOGAR SOWEIT, DAS ZWEITE KIND SELBST AUSZUTRAGEN.
SoKo Bugaboo
„JEDE GESELLSCHAFT RUFT IHRE GANZ SPEZIELLE FORM VON VERBRECHEN HERVOR. IN PRENZLAUER BERG..."
... SIND ES TAGEDIEBE.
„... IST ES KINDERWAGEN-DIEBSTAHL. ZWEI BEAMTE DER BERLINER POLIZEI HABEN SICH DARAUF SPEZIALISIERT."
TATSÄCHLICH?
„SIE EMPFEHLEN, HOCHWERTIGE WAGEN NICHT EINFACH AUF DER STRASSE STEHEN ZU LASSEN, SONDERN ANZUSCHLIESSEN."
ICH EMPFEHLE, DAS KIND ZU BEWAFFNEN.
2016

The man I love • *Oh, god! I have a new wrinkle! Here! / You say that everyday.* • *This one here is especially horrible. It goes from my chin up to my nose. / Oh, that one! You've had that crease for years now.* • *Really? I hadn't noticed it. / You're beautiful, my dear.* • **Recent fathers** • Since the turn of the century, Berlin's Prenzlauer Berg area has become the neighbourhood with the highest birthrate in Europe. Those raising children have university degrees and either work as artists or "do something with media". • When these families go for a walk, the men often push the pram. They're telling us "Look – we're re-defining what it means to be a father". • This man actually goes so far as to carry their second child to full term. • **Bugaboo task force** • *"All societies inspire a specific sort of crime: in Prenzlauer Berg …" / … it's dawdlers.* • *"… it is stealing prams. Two members of the Berlin police force now focus on that issue." / Really?* • *"They recommend not leaving high-cost buggies on the street, and emphasize the importance of locking them up." / My recommendation would be to arm your child.*

Jetzt lauf!
Der ist immer winzig klein vorm Auftritt.
Na klar! Angst, Flucht ... Das ist, damit du gut weglaufen kannst!
... damit ich auf der Bühne nichts mit umreiße ...
Später:
Also "winzig" hab ich nicht gesagt!

Penis Issues _ von marialuisa *He's always tiny before a gig.* • *Now run!* • *Of course! Fear, flight ... It's so you can make a quick escape! / ... so that I don't knock anything over with it ...* • Later: *Well, I never said "tiny"!*

A FEW YEARS AGO A FRIEND OF MINE TOLD ME ABOUT HER NEW BOYFRIEND...
HE'S SUPERSUPERSWEET !!!
WOW!
I KNEW HIM FROM BEFORE, WE WENT TO SCHOOL TOGETHER.....
BUT HIS PENIS IS ... ... REALLY TINY!!!
...
I NEVER LIKED HIM BECAUSE HE WAS SUCH A BIG POSER....
Blabla Bauhaus Photographer blabla know him blabla
Only Armani Blabla Superimportant blabla close friend...
HE ALWAYS USED THE SAME TRICKS TO GET GIRLS INTO BED...
I would like to do a Photosession with you in an artistic style, black & white...
NO, THANKS!!
TODAY HE HOLDS A VERY SENIOR POSITION IN A FAMOUS...
ADVERTISING AGENCY !!
MY FRIEND IS NOT HIS GIRLFRIEND ANY MORE. SOMETIMES WE MEET AT PARTIES...
TINY!
HI!
HI!

Tiny Penis _ von Larissa Bertonasco Vor ein paar Jahren erzählte mir eine Freundin von ihrem neuen Freund … / *Er ist supersüß!!! / Wow!* • Ich kannte ihn schon vorher, wir sind zusammen zur Schule gegangen … / *Aber sein Penis ist … wirklich winzig!!! / …* • Ich mochte ihn nie, weil er so ein Angeber war … / *Blabla Bauhaus Fotograf blabla kenne ich blabla / Nur Armani Blabla superwichtig blabla enger Freund* • Er hatte immer die gleiche Masche, um Mädels ins Bett zu kriegen … / *Ich würde gern eine Fotosession mit dir machen – so künstlerisch, schwarz und weiß … / Nein, danke!!* • Heute hat er eine leitende Position in einer berühmten … / *Werbeagentur!!* • Meine Freundin ist nicht mehr mit ihm zusammen. Manchmal treffen wir uns auf Partys … / *Winzig! / Hi! / Hi!*

AN IDEAL BOYFRIEND
marialuisa

Ahhh...
Du Insekt!
VERBRINGT GERN ZEIT MIT DIR

Enjoys spending time with you • *You insect!*

Du musst es genießen!
Komm, ich hab' 5 Minuten Zeit Ich massier' dich.
WEISS SEINE FÄHIGKEITEN EINZUSETZEN

Knows how to make use of his talents • *You must enjoy! / Come here, I've got 5 minutes for a massage!*

Jo, kann man gut absau=gen ...
FLAPP
Verreisen? Ach, ich weiß nicht; der Schrank 'is' grad' so schön aufgeräumt ...
IST HÄUSLICH

Is domestic • *Yeah, it is easy to hoover. / Take a trip? Oh, I don't know. The wardrobe has just been tidied up so nicely …*

Ne. Das finde ich nicht gut.
Hallo!
Seid ihr meine neuen Freunde?
BRINGT DICH AUF NEUE PERSPEKTIVEN

Wir sind richtig!
Es ist das System,
das falsch ist!
BEWAHRT EINEN KÜHLEN KOPF

Keeps a cool head. • *We're alright! It's the system, that's not!*

Der letzte Schluck Bier
Alki und Alk
KANN AUCH ROMANTISCH

Has the potential of being romantic • The last sip of beer

Blablablablablablablabla
blablablablablablablabla
bla bla. Blablablablablabl
lablabla. Blabla!!
VERTRÄGT AUCH MAL KRITIK

Can handle criticism

Brauchen wir noch Chips?
Nein
O.K.
Netter Versuch!
BEHÄLT IMMER DIE NERVEN

Stays calm • *Do we need crisps? No. OK. Nice try.*

Wenn du kein' Bock hast, gehst du so:
Hast du wieder zu viel gegessen?
Du siehst aus, wie die Figuren von 'Southpark', wenn die auf 'm Sofa liegen!
IST AUCH GERN MAL EHRLICH

Likes to be honest once in a while • *When you can't be bothered, you walk like this:* • *Did you eat too much again? You look like those characters from South Park, when they're lying on the sofa.*

23:00
0:30
2:00
Komm, ich helfe dir einschlafen.
Ich bin die Lokomotive, die dich in den Schlaf zieht.
WEISS WENN ER GEBRAUCHT WIRD

Ich fühl' mich ganz wie Thomas Mann,
wie ich mir hier die Weste zuknöpfe...
Das! Das! Das! Das! Das!
LEBT SEINE SINNLICHKEIT

Lives his sensuality • *I just feel like Thomas Mann, when I'm buttoning my vest ...* • *This! That! This! That! This!*

-aufwach-
Es ist so schön, dass wir auch noch zur gleichen Zeit leben!
Heiraten ist das neue Nichtheiraten!
LIEBT DICH

TRAPPED
by Ampu

GNA

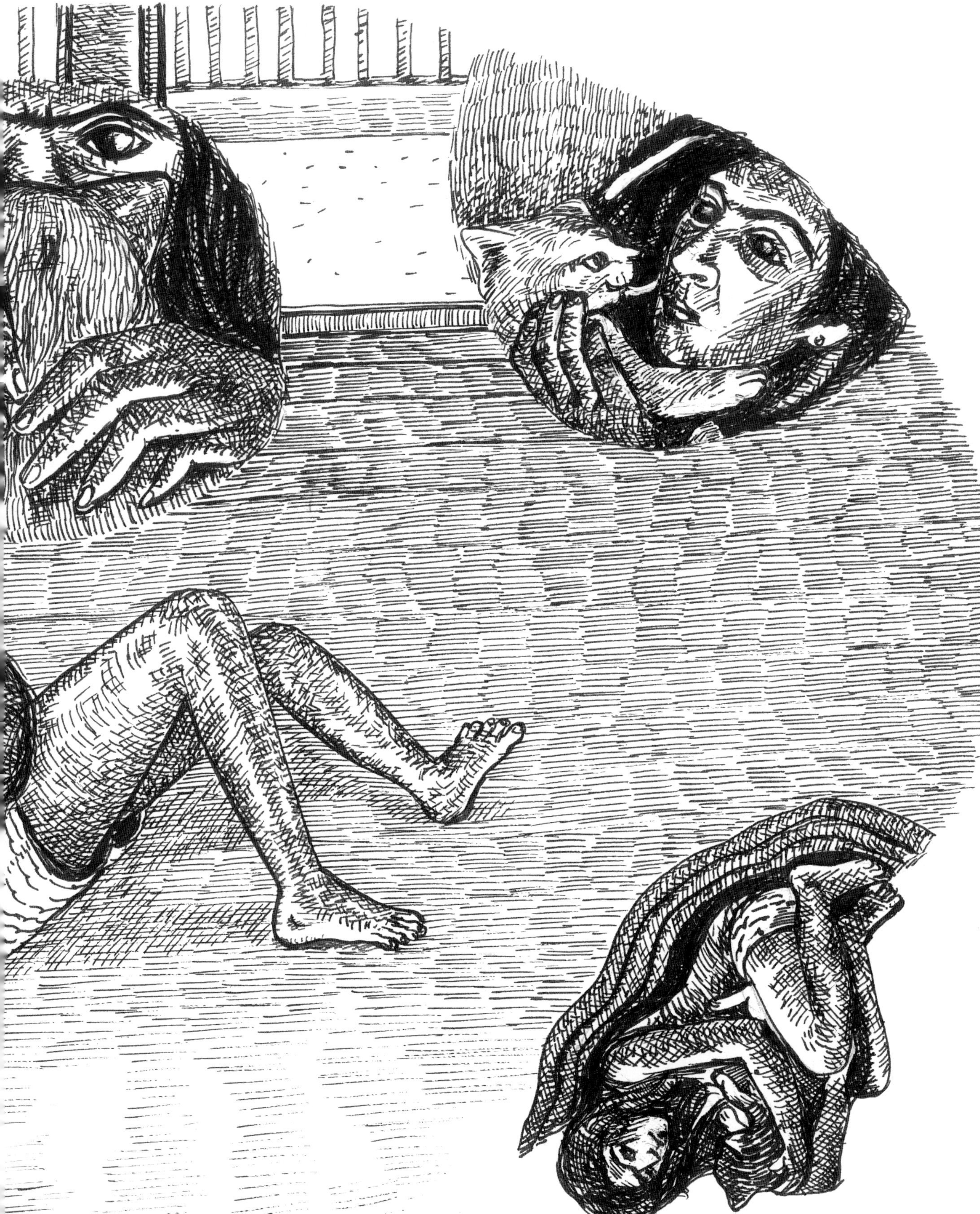

Besorg dir einen Job!

HUBBUB
garima gupta

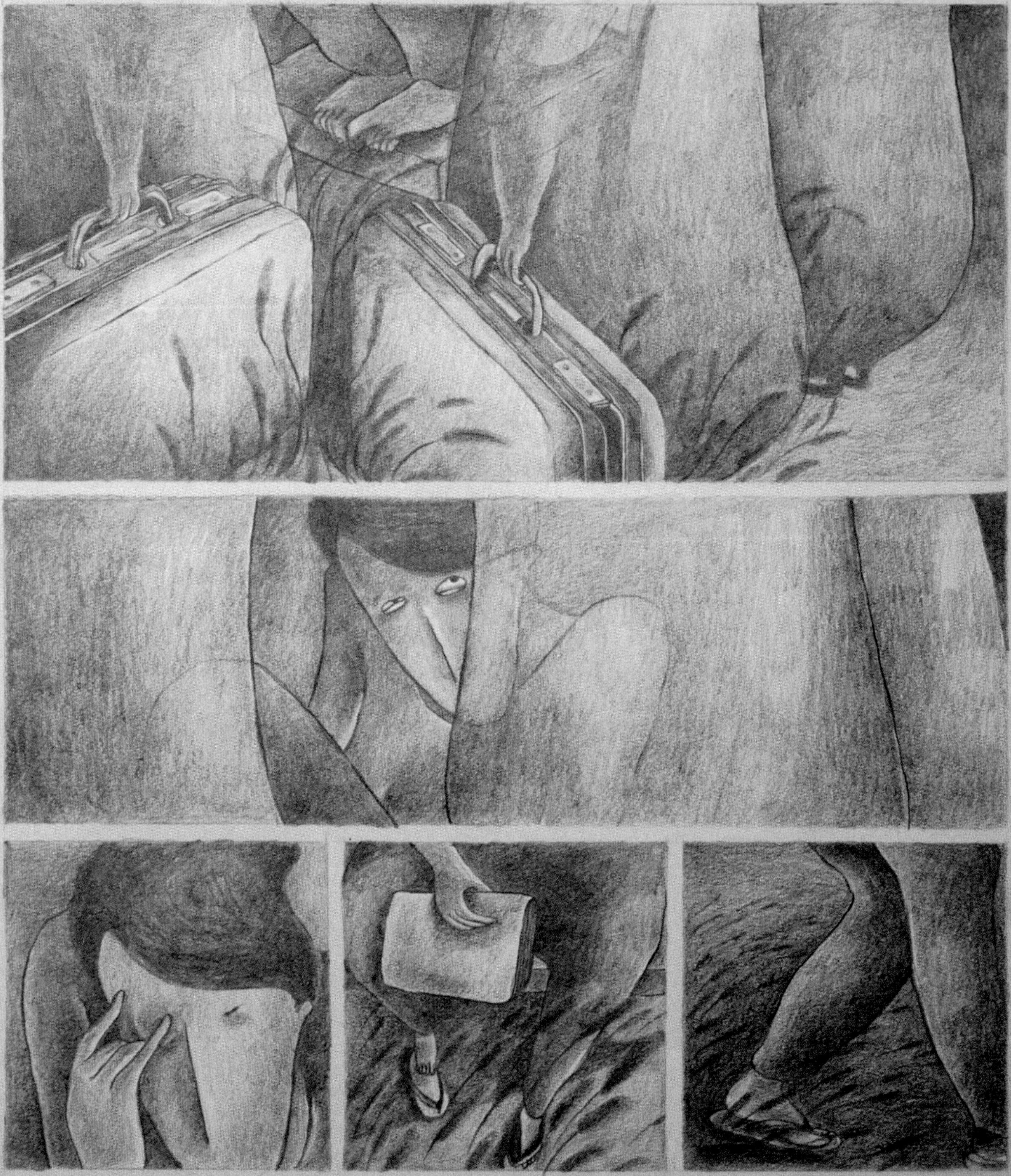

Has it been raining here?
is it very far?
not really...
So, was it difficult to get here?
hahha....NO! Why do you always underestimate us?

Hat es hier geregnet? / Ist es sehr weit? / Nicht wirklich … • Na, war es schwer hierherzufinden? / Haha … NEIN! Warum traust du uns nie etwas zu?

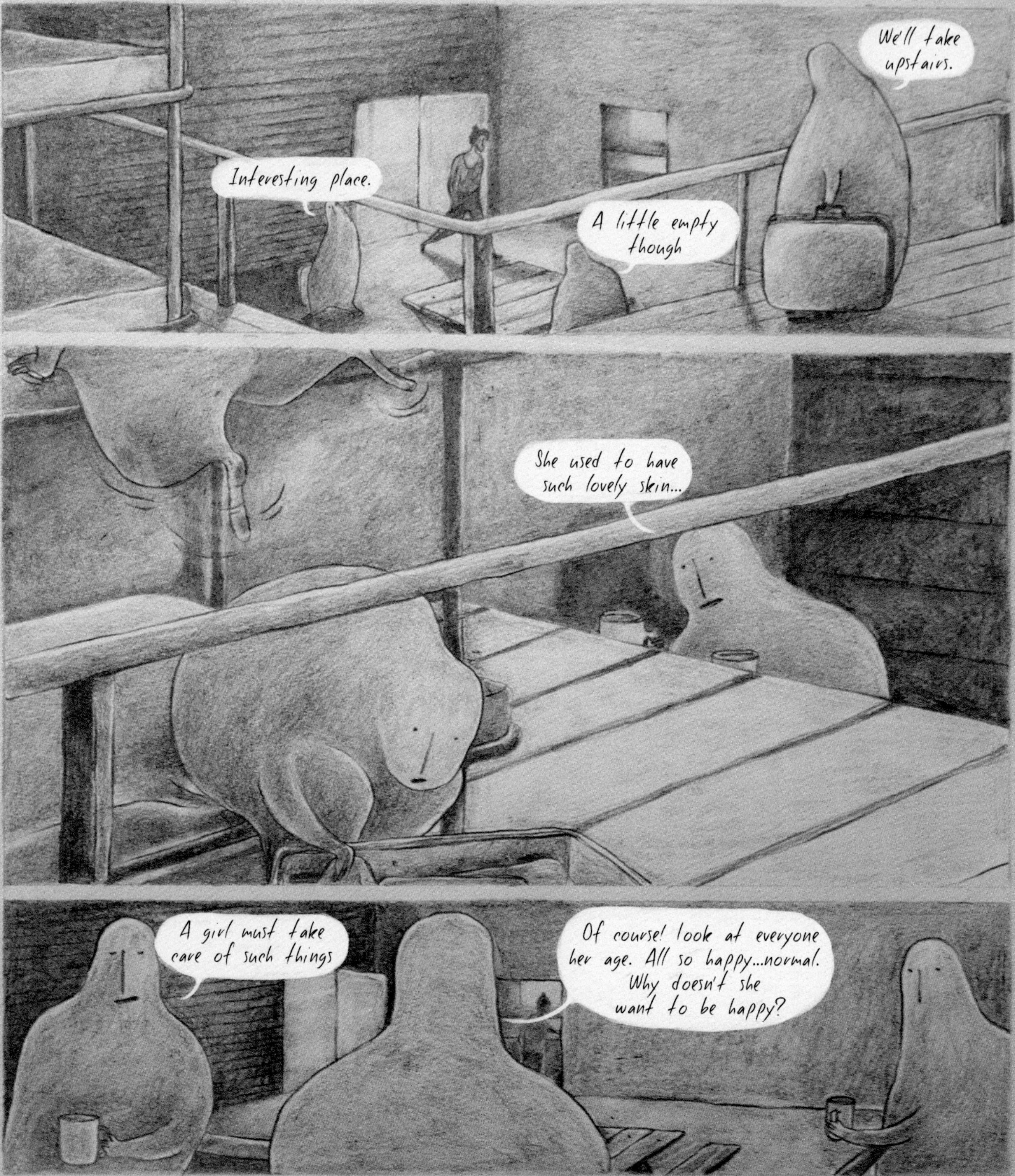

Interesting place.
A little empty though
We'll take upstairs.
She used to have such lovely skin...
A girl must take care of such things
Of course! look at everyone her age. All so happy...normal. Why doesn't she want to be happy?

Interessanter Ort. / Ein bisschen leer allerdings. / Wir machen's uns oben gemütlich. • Sie hatte immer so schöne Haut … • Ein Mädchen muss darauf sehr acht geben. / Natürlich! Schau' die Anderen in ihrem Alter an. Alle so glücklich … normal. Warum will sie denn nicht glücklich sein?

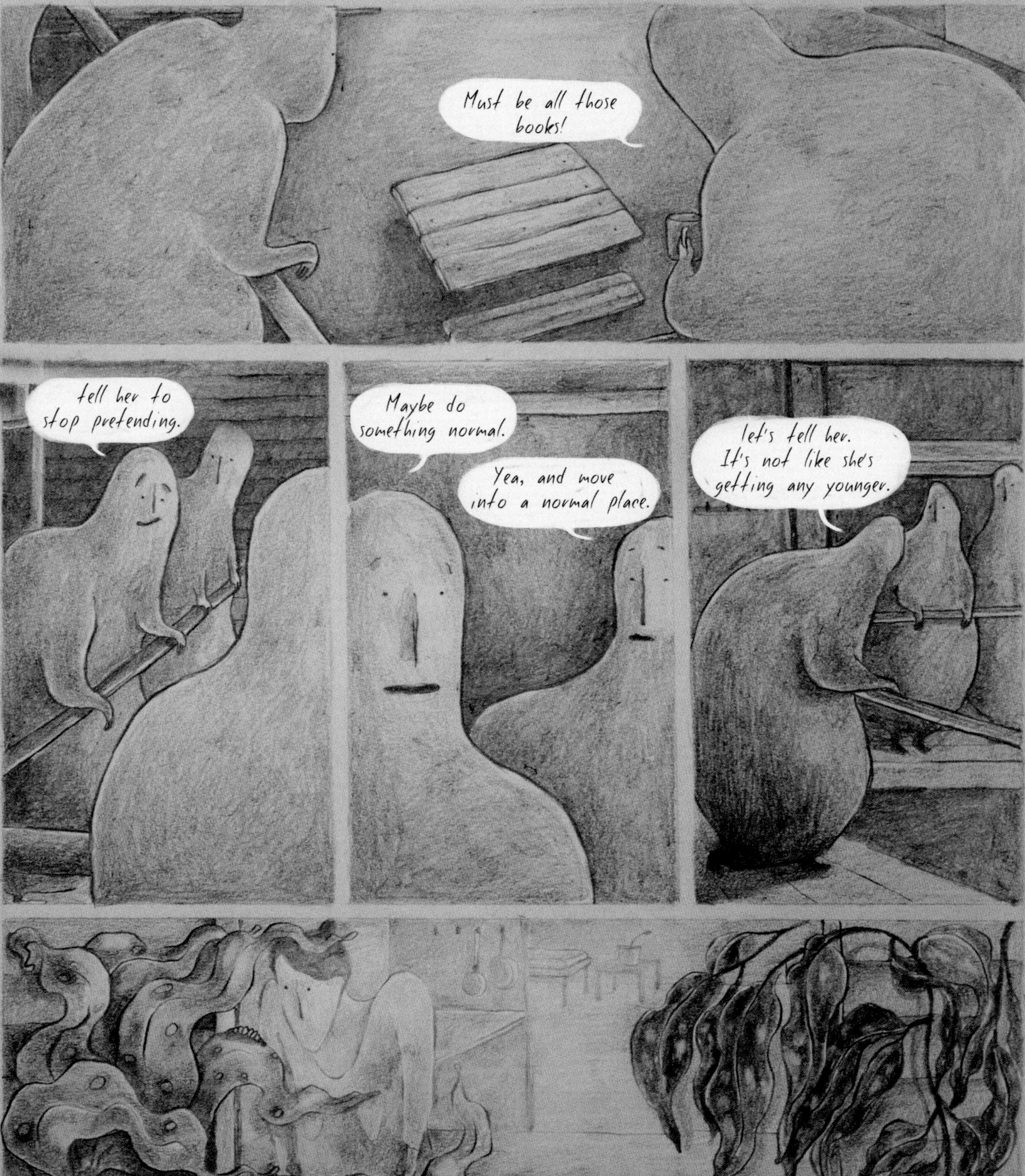
Must be all those books!
tell her to stop pretending.
Maybe do something normal.
Yea, and move into a normal place.
let's tell her. It's not like she's getting any younger.

Muss an all den Büchern liegen. • Sag' ihr, sie soll aufhören, uns etwas vorzumachen. • Vielleicht was Normales machen. / Ja, und vielleicht an einen normalen Ort ziehen. • Lasst es uns ihr sagen. Sie wird ja auch nicht jünger.

Good girl ki tarah baitho....aunty kya kaheingi??
(Sit like a good girl. What will aunty think of you?)
BESHARAM!!!
(Shameless girl!!!)
95 on 100! dekh lena, yeh toh bade hokar teacher hi banegi!
(95 out of 100! Wow, she will definitely become a teacher)
hayeee so sweeeet... such motherly touch this one has!
sara din dhoop mein khelogi toh kaali ho jaaogi, chalo bas ab!
(If you will play in the sun all day, your skin will become dark. Enough now, go home.)
KYUN? Sab pehente hain...shape kharab ho jaayegi
(Why? Everyone wears it...you will ruin the shape otherwise)
Uff yaar...why can't you get a normal haircut like other girls?
Amazing food, man! Your husband will be one lucky man!
you should urmmm.....

Braves Mädchen. Sitz' wie ein braves Mädchen. Was wird Tantchen von dir denken? • Schamlose Göre!!!! • 95 von 100! Wow, sie wird auf jeden Fall Lehrerin werden! • Aiaiai, so süß! Was für ein mütterliches Feingefühl sie hat. • Wenn du den ganzen Tag draussen in der Sonne spielst, wird deine Haut ganz dunkel. Genug jetzt, nach Hause. • Warum? Jeder trägt einen … du wirst dir die Form ruinieren. • Uff … warum kannst du nicht einen normalen Haarschnitt wie alle anderen Mädchen haben? • Tolles Essen, Mann! Dein Ehemann wird einmal sehr glücklich sein! • Du solltest …

ÄHEMM …

ÄHEMM … ÄHEMM …

she's here!!!
tsk tsk Ruined all your clothes
Doesn't matter!!! she could ise some new ones!
Soooo....it's getting late
You are right. where do we crash?
Umm...there is no space here
Don't worry. We'll fit in upstairs

Sie ist hier. • Ts, ts …eine Klamotten ganz ruiniert. / Macht nichts! Sie könnt' eh ein paar neue brauchen! • So … es wird allmählich spät. / Stimmt. Wo sollen wir schlafen? • Hm … hier ist nicht wirklich Platz. / Keine Sorge. Wir haben oben schon Platz.

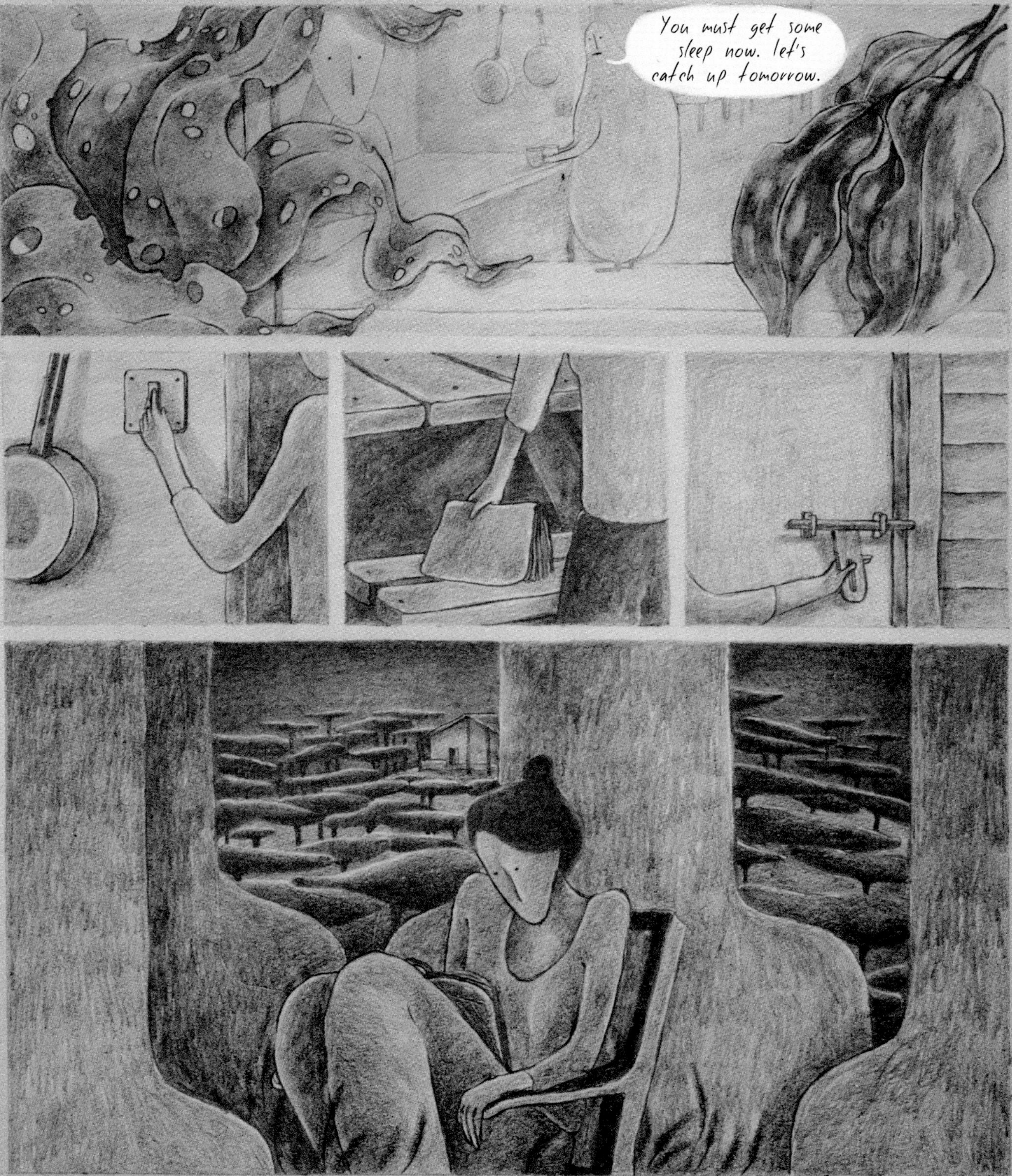
You must get some sleep now. let's catch up tomorrow.

Geh', schlaf' jetzt. Lass uns morgen weitersprechen.

Darko
Die Hefte raus!
Hausaufgabenkontrolle!
Wer keine hat, macht Strafarbeit!
1983, in der ersten Klasse, herrschte die Angst.
Ich war ohnehin ein schüchternes Kind. Wegen Frau L. konnte ich nachts nicht mehr schlafen.
Obwohl wir Mädchen von ihr eher selten bestraft wurden.
BUB!
Ich HAU dir dein Heft um die Ohren!
KLATSCH
KLATSCH
Frau L., nach dem Krieg wegen Lehrermangel ohne Ausbildung eingestellt, war Urgestein der Schule.
Nach dem Sportunterricht gingen wir in Zweierreihen, sie voran, ins Schulhaus.
Einmal, als ich durch die schwere Schultür ging, schien diese sich auf mich zuzubewegen.
Ich gab ihr einen kräftigen Schubs.
Au!
Donk
Oh!
Ich dachte...
Hinter der Tür stand Darko, der zum Aufhalten eingeteilt worden war.
Darko kam aus dem ehemaligen Jugoslawien und war einer der Kleinsten der Klasse.
Wer war das?!
Es war schlimmer als ich dachte. Draußen im Hof sah man, wie rasch eine Beule wuchs.
Frau L. hatte uns alle dort aufstellen lassen.
Wer?!
Wer's sagt, bekommt fünf Gummibärchen!
Ich war starr vor Angst. Ich konnte nicht atmen. Gleich würde er ihr sagen, dass ich es war. Ich war auf das Schlimmste gefasst.
Er ließ sich Zeit. Ich verstand nicht, warum. Er hatte doch genau gesehen, dass ich es war.
Ich warte.
Wir standen lange. Seine Beule wurde langsam blau.
Doch Darko schwieg.
Alle rein! Leise!
Frau L. gab wütend auf. Darko durfte heimgehen. Ich habe mich nie bei ihm bedankt, dass er mich nicht verraten hat. Weil es mir peinlich war. Und weil ich ahnte, dass er mir etwas entscheidendes voraus hatte: Mut.
Ein Jahr später wechselte ich auf eine andere Schule.
Warum bist'n so still?
Ich hab ihn nicht wiedergesehen.

Darko *Get out your books! / Time to check your homework! Lines for those who haven't done it!* / 1983, it was fear that ruled in the first year. • I was a shy child and couldn't sleep anymore because c Frau L. • Even though we girls were rarely punished by her. / *Boy! / I'll clip you around the ears with your book.* • Due to a lack of teaching staff, Frau L. was employed without any training after the war. / Afte P.E. we followed her in pairs into the school building. • One time, as I was passing the heavy school doors they seemed to start closing on me. / I pushed back hard. / *Ow!* • *Oh! / I thought …* / Behind th door stood Darko, who had to hold the door open. • Darko came from Yugoslavia and was the smallest in the class. / *Who was that?!* / It was worse than I thought. He already had a bump on his forehead. Frau L. had made us all stand outside. / *WHO?! Whoever tells me will get five gummy bears!* / I was scared stiff. He was going to tell her any second now. I expected the worst. • I didn't know what wa taking him so long. He knew that it had been me. / *I'm waiting.* / We stood there a long time. His bruise slowly turned blue. • But Darko remained silent. / *Everyone inside! Quietly!* / Frau L. was furious. I neve thanked Darko for not telling on me. It was because I was embarrassed, and because I felt he had something I didn't: courage. • A year later I went to another school. / *Why so quiet?* / I never saw him agai

Fenster
Bis ich 22 war, kannte ich keine Angst. Ich ging gern aus bis vier Uhr früh und dann allein zu Fuß nach Hause. Bis zu dieser Nacht.
TONK
TONK
TONK
TONK
Schon fast an meiner Tür hörte ich die Schritte.
TONK
(Bis heute ertrage ich nicht, wenn jemand hinter mir rennt.)
HILFEEE
Der Mann packte mich. Ich konnte mich einige Minuten lang wehren und schrie, so laut es ging. Aber er war stärker.
Dann lag ich am Boden.
Niemand schien mich gehört zu haben.
Und ich wußte, in völliger, angstfreier Klarheit, dass es aus war.
...
In diesem Moment öffnete sich ein Fenster über uns.
Der Angreifer rannte weg. Der Nachbar sprang barfuß auf die Gehwegplatten.
Er sagte nachher:
„Ich wachte auf, hatte was gehört, kuckte raus. Nix zu sehen.
Dann dachte ich, kuck **nochmal**, richtig. Ich machte das Fenster auf. Da hab ich euch liegen sehen."
Der?
Nein.
Der?
Nein.
Der?
PRRING
Nein. Das war ein Fascho, Springerstiefel, helle Jeans.
Noch in der Nacht ging ich zur Polizei. Doch ohne Resultat.
Obwohl ich davongekommen war, brauchte es Monate, bis ich wieder panikfrei auf die Straße gehen konnte.
Alles Schlimme war plötzlich möglich. Überall, zu jeder Zeit. Und niemand würde es bemerken.
Ich ging nochmal zu dem Nachbarn, um mich zu bedanken.
Ich bin mal von 'ner Gruppe Punks verprügelt worden.
Ich war Rocker.
Da kam ein älterer Punk vorbei und ging dazwischen. Allein.
Er sagte: So viele gegen einen, wie feige. Er hat mich gerettet.
Danach war mir klar, das muss ich irgendwann weitergeben.
Seitdem schaue auch ich hin, wenn mir etwas seltsam vorkommt.
Am besten zweimal.
Barbara Yelin 2016

Vindow I knew no fear until I was 22. I went out until the morning, walking home alone. But that changed this night. • I heard the footsteps as I was almost at my door. • (Even today I cannot stand to ave someone running up behind me.) • The man grabbed me. I was briefly able to defend myself and I screamed as loud as I could. But he was stronger. • Then I was on the ground. • It seemed no one ad heard me. And I knew with clarity that it was over for me. • At that moment a window opened. • The attacker fled. My neighbour leapt barefoot onto the pavement. / Afterwards, he said: "I woke up, ooked out, saw nothing. Then I thought, look again. Properly. I opened the window. Then I saw you lying there." • *Him? / No. / Him? / No. / Him? / No. He was a Fascist. Combat boots. Pale jeans.* / I went o the police that same night, but without any result. • Even though I had escaped, it took months until I was able to walk along the street without panicking. Suddenly everything terrible was possible. And o one would notice. • I went to say thank you to my neighbour again. / *I was attacked by a group of punks.* / *I was a rocker.* / *Then an old punk who was passing stepped in.* • *He said: so many against ne – cowards! He saved me.* / *It became clear that I would have to pass that on one day.* • Since then I look closely when I see something strange. / Looking twice is best.

Schlafen
Immer, wenn ich hoffnungslos in einem Problem feststecke, gibt es **eine** Sache zu tun: Meine gute Freundin anrufen.
Julia
Schon immer war sie eine gute Ratgeberin. Und seit Kurzem macht sie eine Coachingausbildung. Manchmal darf ich ihr Übungsobjekt sein.
Ich brauch' **dringend** deine Hilfe. Es ist so.
Ein Verlag möchte, dass ich an einem Gruppenprojekt teilnehme.
Ein schönes Projekt! Aber jetzt...
... hat einer aus dieser Gruppe eine höfliche Mail an alle geschrieben...
... dass ich nicht dabei sein soll.
Ich weiß nicht mal genau, warum.
OK, unser Zeichenstil ist sehr unterschiedlich – aber das finde ich nicht schlimm.
Viele Leute denken, Künstler zu sein bedeutet, verträumt in seinem Atelier zu sitzen und die ganze Zeit zu zeichnen.
Der Verlag? Der hält sich raus.
Er findet, das solle die Gruppe ausdiskutieren.
Ich bin echt **so** sauer!
Es ist wirklich ein schönes Projekt!
Leider stimmt das nicht. Mindestens ein Drittel des Tages wird von ganz normaler Büroarbeit bestimmt.
Zuerst dachte ich, einfach auszusteigen.
Eigentlich hab ich grad eh zu viel zu tun.
Aber dann: **Warum?**
Weil **einer** mich nicht dabei haben will?
Mich **stresst** diese Frage! Sie raubt mir den Schlaf...
... und den könnte ich **wirklich** gut gebrauchen.
E-Mails schreiben, Verträge aushandeln, Steuern ausrechnen, Workshops und Lesungen vorbereiten, und und und.
Es gibt jetzt zwei Möglichkeiten.
Entweder **sage ich ab** –
– oder ich kämpfe drum. Was bedeutet, viel Zeit in Diskussionen und Streitereien zu stecken.
Zeit, die ich gar nicht habe!
Nun frag' ich dich: Was **soll ich nur tun**?
Puh. Hmm...
Julia überlegt eine Weile.
OK. **Ich** hab eine Idee.
Versuch, dir jemanden vorzustellen, der **gut** verhandeln kann.
Jemand, dem du eine gute Entscheidung zutraust. Ein Vorbild.
Hm...
OK...?

Sleep Whenever I get stuck on a problem, I call my good friend. / Julia! • She's always been great at giving advice. And she recently began training to become a coach. Sometimes I'm allowed to be her te subject. / *A publisher wants me to take part in a wonderful group project. But just now ...* • *... someone in the group wrote a polite mail to everyone ... / ... saying that I shouldn't be a part of it. / I hav no idea why. / OK, our drawing styles are quite different – but I don't see a problem with that.* • Many people think that being an artist means spending the whole time drawing in a studio. / *The publishe They're keeping out of it. / They think that the group should discuss it. / I'm really angry!* • Unfortunately, that's not true. At least a third of each day is spent doing normal office work. / *First I thought abou just stepping back. / I've got too much to do at the moment anyway. / But then: why? / Because one person doesn't want me there? / It's totally stressing me out! I can't sleep because of it ... / ... and I wou really need some.* • Writing emails, negotiating contracts, doing taxes, preparing workshops and lectures, and, and, and ... • *I have two choices. / Either I give up ... / ... or I fight. That would mean a lot o time spent in discussions. / Time I don't have!* • *Now, I'm asking you: What do I do? / Phew. Hm ... / Julia thinks on it a while.* • *OK. I've got an idea. / Try imagining someone who's good at negotiating. Who'd you entrust with making the right decision.* • *Hm ... / OK ...?*

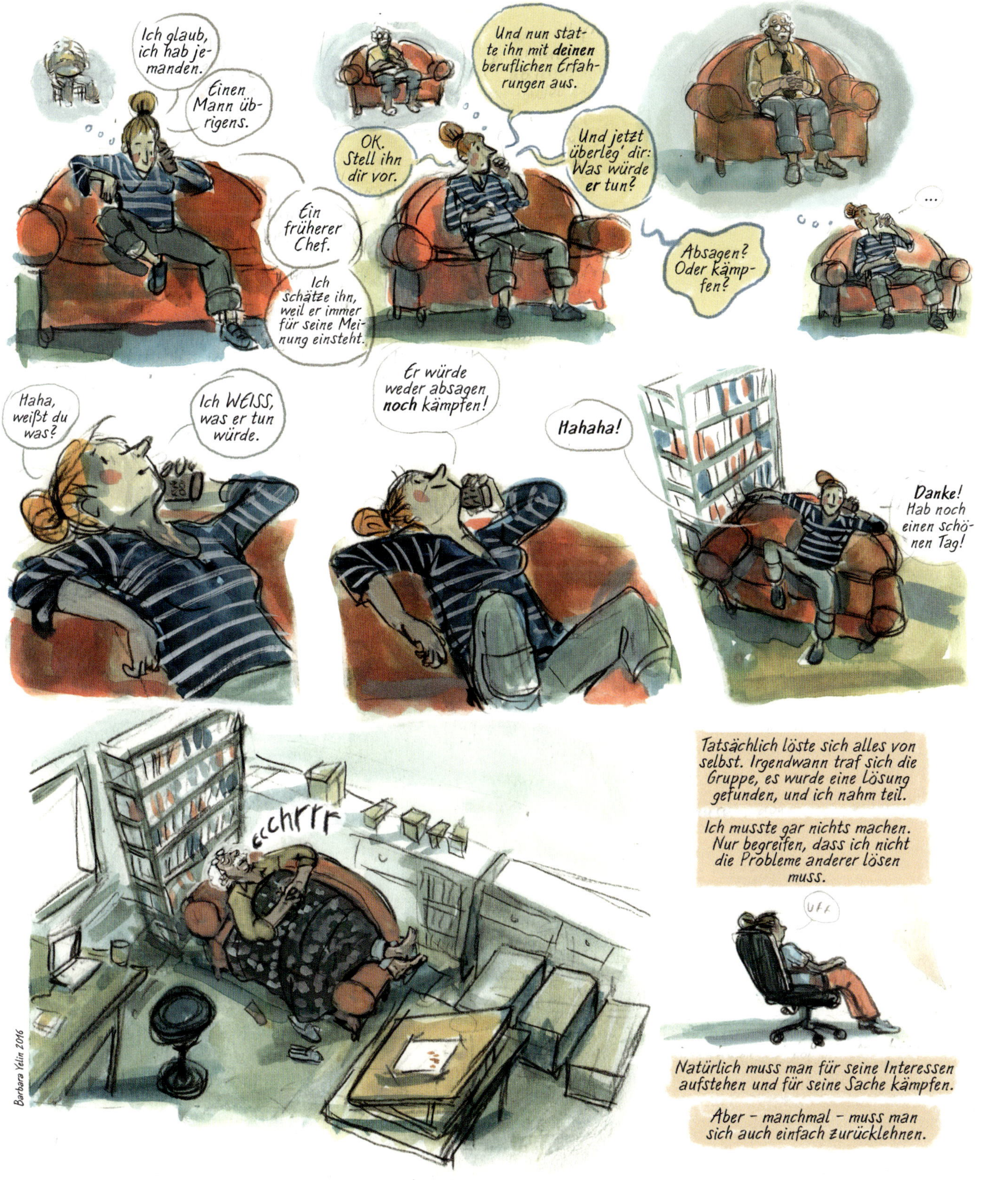
Ich glaub, ich hab jemanden.
Einen Mann übrigens.
Ein früherer Chef.
Ich schätze ihn, weil er immer für seine Meinung einsteht.
OK. Stell ihn dir vor.
Und nun statte ihn mit **deinen** beruflichen Erfahrungen aus.
Und jetzt überleg' dir: Was würde **er** tun?
Absagen? Oder kämpfen?
...
Haha, weißt du was?
Ich WEISS, was er tun würde.
Er würde weder absagen **noch** kämpfen!
Hahaha!
Danke! Hab noch einen schönen Tag!
chrrr
Tatsächlich löste sich alles von selbst. Irgendwann traf sich die Gruppe, es wurde eine Lösung gefunden, und ich nahm teil.
Ich musste gar nichts machen. Nur begreifen, dass ich nicht die Probleme anderer lösen muss.
Uff
Natürlich muss man für seine Interessen aufstehen und für seine Sache kämpfen.
Aber – manchmal – muss man sich auch einfach zurücklehnen.
Barbara Yelin 2016

hink I've got someone. A man, by the way. A boss I used to have. I value him because he always stands up for his opinion. • OK. Imagine him. And now give him your professional experience. And now ink, what would he do? Would he give up or fight? • … • Haha, you know what? I KNOW what he would do. • He wouldn't give up nor fight. • Hahahaha! Thanks! I'll speak to you later! • And everything d work itself out by itself. At some point the group met, a solution was found, and I took part. I didn't have to do anything except understand that I don't have to solve other people's problems. / Phew / aturally, it's important to stand up for you interests and position. But – sometimes – you simply just have to lean back.

SELBSTVERSCHULDETE UNMÜNDIGKEIT !?
DAMENTAG IN EINEM DEUTSCHEN SCHWIMMBAD.
VIELE TÜRKISCHE FRAUEN TRAGEN BEIM SCHWIMMEN EIN T-SHIRT ÜBERM BADEANZUG.
IM EINGANGSBEREICH GESTIKULIERT EINE BESU= CHERIN MIT JUNGEN BURSCHEN VOR DEM FENSTER.
HALT! MÄNNER MÜSSEN HEUTE DRAUSSEN BLEIBEN.
ES SIND MEINE SÖHNE. ICH BRAUCHE KURZ IHRE HILFE, BITTE!
KANN ICH IHNEN HELFEN?
ICH KENNE MICH NICHT AUS MIT DIESER MASCHINE. ICH BIN NICHT GUT MIT TECHNIK.
...MIT DIESER MASCHINE!?
SIE WERFEN EINE MÜNZE IN DEN SCHLITZ, DREHEN EINMAL, UND SCHON KULLERT UNTEN EIN KAUGUMMI RAUS.
ulli lust 2016

A lack of independence (can be one's own fault?) It's ladies-only day at a German swimming pool. Many of the Turkish women wear a T-shirt over their swimming costumes. • In the entrance area, one of women can be seen gesturing towards some young men in front of the window. • *Stop! Men have to stay outside.* • *They're my sons. I need their help for just a second, please! / Could I help you?* • *I can't figure this machine out. I'm not any good with technical things. / … this machine!?* • *Just put a coin in the slot, turn once and then chewing gum comes out.*

ALS JUNGE FRAU LIEBTE ICH ES, NACHTS VON CLUB ZU CLUB DURCH DIE STRASSEN DER SCHLAFENDEN STADT ZU STREUNEN.
FREIHEIT
versus
SICHERHEIT
ANGST HATTE ICH KEINE. ICH SAGTE MIR „MÄNNER HABEN DEN MYTHOS ERFUNDEN, DASS FRAUEN SICH FÜRCHTEN SOLLEN, UM SIE IM HAUS ZU HALTEN."
EUROPÄISCHE STÄDTE SIND RECHT SICHER FÜR FRAUEN. DURCH DAS NÄCHTLICHE WIEN UND BERLIN BIN ICH JAHRELANG GEWANDERT, OHNE JEMALS BEDROHT ZU WERDEN.
CAFE DREC
ICH BIN VERGEWALTIGT WORDEN, ZWEIMAL IN MEINEM LEBEN. EINMAL MIT 17 AN EINEM EINSAMEN STRAND BEI PALERMO. ER WAR EIN FREMDER.
HELP!
DAS ZWEITE MAL GESCHAH IN MEINER WOHNUNG, DURCH DEN MANN, DEN ICH LIEBTE. ER WURDE IMMER GEWALTTÄTIGER. WIR TRENNTEN UNS, BEVOR ER DIE DROHUNG WAHR MACHEN KONNTE, MICH UMZUBRINGEN.
iiiiiieee
HEUTE BIN ICH 49 JAHRE ALT. ICH STREUNE IMMER NOCH GERNE.
ABER LIEBER ALS ALLES ANDERE VERBRINGE ICH ZEIT ZU HAUSE.
ullilust 2016

Freedom versus security When I was a young woman, I enjoyed going from club to club, wandering through the streets of the sleeping city. • I was never afraid. I told myself that, "men spread the fiction that women are supposed to be afraid to keep them cooped up at home". • European cities are relatively safe for women. I wandered through the streets of Vienna and Berlin at night for years without ever feeling threatened. • I have been raped twice. Once it happened when I was 17 on a lonely beach near Palermo – by a stranger. • The second time was in my own flat by the man I loved. He became increasingly violent, and we separated before he could carry out his threat of killing me. • I'm 49 years old now. I still like to wander about. • I prefer, more than anything else, to spend time at home.

EBONY & IVORY
Priya Kuriyan
THERE IS A PICTURE OF MY GRANDPARENTS THAT LIES WITHIN THE PAGES OF AN OLD FAMILY ALBUM. THE PICTURE IN ITSELF IS UNSPECTACULAR. (IF YOU DON'T COUNT MY GRANDFATHER'S STRANGE BOW-TIE THAT IS); A MUNDANE PHOTOGRAPH OF A NEWLYWED COUPLE STARING STOICLY INTO A CAMERA. I THINK A LOT OF MY ASSUMPTIONS ABOUT THEIR MARRIAGE WERE BASED ON THAT PICTURE - THAT IT MUST HAVE BEEN LIKE THAT OF ANY OTHER MARRIED INDIAN COUPLE FROM THE 1940'S ...
THEY PROBABLY HAD A MARRIAGE ARRANGED BY THEIR PARENTS ...
KUWAIT
INDIA
AFTER WHICH, LIKE MANY EDUCATED PEOPLE FROM KERALA, THEY MOVED TO THE MIDDLE EAST FOR WORK ....
WHERE THEY HAD THREE LOVELY CHILDREN OF VARYING SKIN TONES ..
ROSALIND, MY GRANDMOTHER WORKED AS A NURSE IN A HOSPITAL.
MATHEWS, MY GRANDFATHER, WAS A BANKER OF SOME SORT
AT A VERY YOUNG AGE, THE THREE KIDS WERE SENT OFF TO STUDY IN INDIA
THEY WERE TO GROW UP UNDER THE GUARDIANSHIP OF AN AUNT FROM GRAND-FATHER'S SIDE.
THE KIDS GREW UP INTO STRAPPING YOUNG TEENS.

Ebenholz & Elfenbein Es gibt ein Foto von meinen Großeltern, das zwischen den Seiten eines alten Familienalbums liegt. Das Foto an sich ist unspektakulär. (Wenn man nicht gerade die komische Fliege meines Großvaters betrachtet); ein mondänes Foto eines frischverheirateten Pärchens, das stoisch in die Kamera starrt. Ich denke, viele meiner Annahmen in Bezug auf ihre Ehe beruhen auf diesem Bild – nämlich, dass sie wie die eines jeden Ehepaars in den 1940er Jahren in Indien gewesen sein muss … • Ihre Hochzeit wurde vermutlich von ihren Eltern arrangiert … • Woraufhin sie, wie viele gebildete Leute aus Kerala, in den Mittleren Osten wegen der Arbeit zogen … • Wo sie drei liebenswerte Kinder von ganz unterschiedlicher Hautfarbe bekamen … • Rosalind, meine Großmutter, arbeitete als Krankenschwester in einem Krankenhaus. • Mathews, mein Großvater, war eine Art Banker. • Bereits in jungem Alter wurden die drei Kinder zum Studium nach Indien geschickt. • Sie sollten in der Obhut einer Tante großväterlicherseits aufwachsen. • Die Kinder wuchsen zu ansehnlichen jungen Teenagern heran.

Waaah!
A FOURTH CHILD WAS BORN TO THEM...
AND WAS SOON SENT OFF TO INDIA TO JOIN HIS OTHER SIBLINGS.
PICTURES OF THE KIDS WERE SENT TO THE PARENTS SO THEY COULD SEE HOW WELL THE KIDS WERE DOING
NIVEA
CONDENSED M
MILKMAID
MATHEWS AND ROSE WOULD COME TO INDIA DURING THE CHILDREN'S VACATIONS BRINGING WITH THEM ALL KINDS OF GIFTS.
THE KIDS GREW UP, MARRIED WONDERFUL PEOPLE AND HAD CHILDREN OF THEIR OWN.
RIP
AT SOME POINT, GRANDFATHER MOVED TO ENGLAND FOR WORK WHILE GRANDMOTHER CONTINUED WORKING IN KUWAIT. THEN HE HAD A HEART ATTACK AND DIED.
HE HAD A PRETTY FANCY FUNERAL WITH LOVELY FLOWERS AND A HEARSE. GRANDMOTHER RETURNED TO INDIA A FEW YEARS AFTER.
and that was that about their marriage...
I NEVER REALLY KNEW MY GRANDFATHER. HE DIED WHEN I WAS BARELY TWO. WE HAD NEVER MET, BUT I HAD PIECED TOGETHER A PERSONALITY FROM THINGS THAT HE HAD LEFT BEHIND.
FROM THE TRINKETS, NOTES AND LETTERS HIS DAUGHTER, MY MOTHER, HAD PRESERVED, I CONCLUDED HE WAS A MAN OF FINE TASTE
1886
The Vintage Cigar
WELL TRAVELLED.
WITH VERY INTERESTING HOBBIES
AND POSSIBLY A FEMINIST! IN A LETTER HE WROTE TO MY MOTHER AFTER MARRIAGE, HE SEEMED TO GIVE HER SOME VERY SANE ADVICE
Remember, your health is the most import
and you must prioritise it. So, there is
no need to wait for your husband if
late for dinner.
social engagements?
OVERALL HE SEEMED LIKE A COOL GUY I WOULD HAVE GOTTEN ALONG WITH.

Ein viertes Kind wurde geboren … • und bald schon nach Indien zu seinen Geschwistern geschickt. • Den Eltern wurden Bilder der Kinder gesendet, damit sie sehen konnten, wie gut sich die Kinder machten. • Mathews und Rose kamen während der Schulferien nach Indien und brachten allerlei Geschenke mit. • Die Kinder wurden erwachsen, heirateten wundervolle Partner und bekamen eigene Kinder. • Irgendwann zog Großvater nach England, um dort zu arbeiten, während Großmutter weiterhin in Kuwait arbeitete. Dann erlitt er einen Herzinfarkt und starb. • Er hatte ein recht pompöses Begräbnis mit hübschen Blumen und einem Bestattungswagen. Großmutter kam schließlich einige Jahre später zurück nach Indien. • Und das war alles über ihre Ehe … Ich habe meinen Großvater nie wirklich kennengelernt. Er starb als ich gerade 2 Jahre alt war. Ich hatte ihn nie getroffen, aber ich hatte mir seinen Charakter aus den Dingen zusammengereimt, die er zurückgelassen hatte. • Von den Schmuckstücken, Notizen und Briefen, die seine Tochter, meine Mutter, aufbewahrt hat, schloss ich, dass er ein Mann mit feinem Geschmack gewesen sein muss. • Weitgereist • Mit durchaus interessanten Hobbys • Und möglicherweise Feminist war! Nach ihrer Heirat schrieb er einen Brief an meine Mutter, um ihr einen recht vernünftigen Ratschlag zu geben: / *Denke daran, dass deine Gesundheit das Wichtigste ist und sie immer an erster Stelle steht. So ist es nicht notwendig auf deinen Ehemann zu warten … spät zum Abendessen. … soziale Verpflichtungen?* / Im Großen und Ganzen schien er ein cooler Typ zu sein, mit dem ich mich verstanden hätte.

THEN, THERE WERE THE LEGENDS THAT SURROUNDED THE MAN. THE NUMBER OF PEOPLE HE HELPED GET JOBS IN THE GULF, THE RISKS HE TOOK BY MOVING TO LONDON, HIS GUTS AND HIS GENERALLY LARGER-THAN-LIFE PERSONALITY.
athews, e was the Best!
The BEST!!
Mathews... what a man!
NEEDLESS TO SAY, HE WAS A CELEBRATED MAN
MY GRANDMOTHER, ON THE OTHER HAND, WAS QUITE DIFFERENT. I MET HER EVERY OTHER SUMMER DURING MY VACATIONS.
SHE HAD MOVED INTO THE LARGE HOUSE SHE HAD BUILT FROM THEIR SAVINGS IN THE GULF AND THE NARRATIVE THAT SURROUNDED HER WAS MOSTLY THIS...
Rosalind... always worrying about money, money, money
Ah! Rosalind doesn't know how to relax..
Always... working, working What is the need for more money?

Dann gab es noch die Legenden, die den Mann umgaben: die Zahl der Leute, denen er half, einen Job am Golf zu finden, das Risiko, das er auf sich nahm, als er nach London zog, seinen Mut und ganz im Allgemeinen seine herausragende Persönlichkeit. */ Mathews war der Beste! / Der Beste!! / Mathews … was für ein Kerl!* / Er war – ganz offensichtlich – ein gefeierter Mann. • Meine Großmutter war wiederum ganz anders. Ich habe sie jeden zweiten Sommer während der Ferien getroffen. Sie war in das große Haus gezogen, dass sie von ihren Ersparnissen aus der Golfregion gebaut hatte. Wenn es um sie ging, war es immer die gleiche Geschichte … • *Rosalind … macht sich immer Sorgen um Geld, Geld, Geld* • *Ah, Rosalind kann einfach nicht entspannen …* • *Sie arbeitet einfach immer … wofür braucht sie mehr Geld?*

I HAVE TO ADMIT I AGREED WITH ALL OF IT. ROSALIND MATHEWS HAD NO TIME FOR HOBBIES. NOR DID SHE SEEM TO HAVE THE PATIENCE TO DEVELOP FINE TASTE.
FOR A GRANDMOTHER, SHE SEEMED TO CURSE A LOT, AND WAS QUICK TO LOSE HER TEMPER.
@#!! # *
SHE SHOWED ALMOST NO PHYSICAL AFFECTION TOWARDS HER GRANDKIDS
AND ATE REALLY FRUGAL MEALS. THE HEAD OF THE FISH BEING HER BIGGEST LUXURY.
AND OF COURSE, WHEN IT CAME TO MONEY...
10 RUPEES!! Holy mother of GOD
7 RUPEES!! GOOD LORD!!
5 RUPEES!! JESUS CHRIST!
(TAKE A HIKE.. FIRST COMMANDMENT)
SHE ALSO GAVE SOME BIZARRE ADVICE...
HERE... SOME POCKET MONEY FOR HER. BUY HER SOME FAIR AND LOVELY*
SO DARK THIS ONE IS.
!!!
THAT ONE OF HER GRANDCHILDREN (THAT TOO A GIRL. GASP!) WAS NOT A FAIR LILY WAS ONE OF HER GREATEST SORROWS.
Fair&Lovely
* MOST POPULAR FAIRNESS CREAM IN INDIA.

Ich muss zugeben, ich stimmte all dem zu. Rosalind Mathews hatte keine Zeit für Hobbys. Noch schien sie die Geduld zu haben, einen feinen Geschmack zu entwickeln. • Für eine Großmutter schien sie eine Menge zu fluchen und verlor sehr schnell ihre Beherrschung. • Sie zeigte nahezu keine körperliche Zuneigung zu ihren Enkeln. • Und aß recht bescheidene Mahlzeiten: ein Fischkopf war ihr größter Luxus. • Und wenn es dann ums Geld ging … / *10 Rupien … Heilige Mutter Gottes! • 7 Rupien … gütiger Gott! • 5 Rupien!! Jesus Christus!* / Erstes Gebot - ade! • Sie gab auch bizarre Ratschläge … / *Hier … ein bisschen Taschengeld für sie. Kauf' ihr Fair and Lovely Creme*, so dunkel wie sie ist. / !!!* / *Die beliebteste Bleichcreme in Indien. • Dass eines ihrer Enkelkinder (zudem noch ein Mädchen – hach!) keine weiße Lilie war, war eine ihrer größten Sorgen.

IT WAS OBVIOUS THAT IF THERE WERE TWO PEOPLE MORE OPPOSED IN PERSONALITY, IT WAS MATHEWS AND ROSE.
IT WAS LIKE THE COLOUR OF THEIR SKIN WAS JUST A PHYSICAL MANIFESTATION OF THIS DIFFERENCE.
THEY WERE LIKE EBONY AND IVORY. MATHEWS AND ROSE
TO ME, THERE WAS DEFINITELY SOMETHING MORE APPEALING ABOUT MY GRANDFATHER. I HAD INHERITED HIS COMPLEXION IT SEEMED, BUT I HOPED I HAD SOME OF HIS PERSONALITY AS WELL
FROM MY GRANDMOTHER, I INHERITED -- HER NAME -- WELL, ALMOST
IT IS COMMON PRACTICE AMONG CHRISTIAN FAMILIES IN KERALA, FOR THE SECOND BORN, TO TAKE ON THE NAME OF THE GRANDMOTHER FROM THE MOTHER'S SIDE. A SMALL EXCEPTION WAS MADE IN MY CASE.
Waaa
The lady doth protest much!
MA, HOW COME MY MIDDLE NAME IS ROSEMARY AND NOT ROSALIND?
IT WAS YOUR GRANDMOTHER'S IDEA. SHE SAID SHE DIDN'T WANT YOU TO INHERIT ANY OF HER BAD LUCK.
THE HINDU
NOT THAT I WANTED TO HAVE HER NAME, BUT THAT'S HOW I GOT NAMED AFTER A HERB.
BAD LUCK?? WHAT DID SHE HAVE TO COMPLAIN ABOUT...? SEEMED LIKE SHE HAD A PRETTY OK LIFE..
A DECENT MAN, A GOOD JOB IN A FOREIGN COUNTRY. NICE KIDS SHE DIDN'T REALLY HAVE TO LOOK AFTER..

Es war ganz offensichtlich, dass zwei Menschen nicht unterschiedlicher sein konnten als Mathews and Rosalind. / Sie waren wie Ebenholz und Elfenbein. Mathews and Rose. / Ich fühlte mich auf jeden Fall mehr zu meinem Großvater hingezogen. Ich schien seine Hautfarbe geerbt zu haben, doch hoffte ich auch, etwas von seiner Persönlichkeit in mir zu tragen. / Von meiner Großmutter erhielt ich … ihren Namen … zumindest beinahe. • Es ist üblich in christlichen Familien in Kerala, der Zweitgeborenen den Namen der Großmutter mütterlicherseits zu geben. In meinem Fall wurde eine kleine Ausnahme gemacht. / *Wääåh / Die Dame protestiert doch erheblich!* • *Wie kommt es, dass mein Name Rosemary ist und nicht Rosalind? / Das war die Idee deiner Großmutter. Sie wollte dir nicht ihr Unheil weitergeben.* • Nicht, dass ich ihren Namen unbedingt tragen wollte, aber so wurde ich nach einem Kraut benannt – Rosmarin. / *Unheil?? Worüber hatte sie sich zu beklagen …? Mir scheint, sie hatte ein ganz gutes Leben …* • *Einen anständigen Mann, einen guten Job im Ausland. Kinder, um die sie sich nicht kümmern musste …*

SKIMMING THROUGH OLD PHOTOGRAPHS, I CONTINUED TO SILENTLY JUDGE HER
MA, DID SHE REALLY SEND YOU ALL AWAY WHEN YOU WERE SO LITTLE?
IT MUST HAVE BEEN HER DECISION TO MAKE, I ASSUMED
WELL, THEY WERE MAKING GOOD MONEY IN KUWAIT... I GUESS THEY COULDN'T GIVE US THE TIME
WHAT KIND OF A MOM SENDS THEIR CHILDREN AWAY AT SUCH A YOUNG AGE?
DON'T HAVE KIDS IF YOU CAN'T LOOK AFTER THEM...
YOUR GRANDMA'S FAMILY WAS NOT VERY WELL TO DO YOU KNOW, SO SHE WAS ALWAYS DETERMINED TO CHANGE THAT AND SUPPORT THEM
YOUR GRANDAD ON THE OTHER HAND, CAME FROM A RICH FAMILY. BUT THEY FELL IN LOVE.. AND HE WAS CONSIDERED A GOOD CATCH...
WHAT!! THEY CHOSE EACH OTHER? IT WASN'T AN ARRANGED MARRIAGE?
THEY WERE BOTH WORKING IN MUMBAI FOR A BIT. THEN THEY BOTH MOVED TO KUWAIT FOR WORK AND GOT MARRIED THERE
THIS NUGGET OF INFORMATION SURPRISED ME. I DIDN'T REALLY CONSIDER ROSALIND MATHEWS TO BE THE ROMANTIC TYPE...

Alte Fotos durchblätternd, urteilte ich weiterhin still über sie. • *Ma, hat sie euch wirklich alle weggeschickt, als ihr so klein wart? / Ich nahm an, dass es ihre Entscheidung gewesen sei. / Tja, sie haben gut Geld in Kuweit verdient … ich vermute, sie hatte keine Zeit für uns. / Welche Rabenmutter schickt ihre Kinder fort, solange sie so klein sind? / Man sollte keine Kinder kriegen, wenn man sich nicht um sie kümmern kann …* • *Die Familie deiner Großmutterwar nicht sehr wohlhabend, also war es ihre Aufgabe, dies zu ändern und sie zu unterstützen.* • *Dein Großvater wiederum entstammt einer reichen Familie – sie verliebten sich … und er wurde als gute Partie betrachtet …* • *Was!! Sie haben sich freiwillig füreinander entschieden? Es war keine arrangierte Ehe? / Sie hatten beide eine Weile in Mumbai gearbeitet. Dann sind sie zusammen nach Kuwait gezogen, um zu arbeiten und haben dort geheiratet.* • Dieses Körnchen Information überraschte mich. Ich hätte Rosalind Mathews nicht unbedingt für eine Romantikerin gehalten …

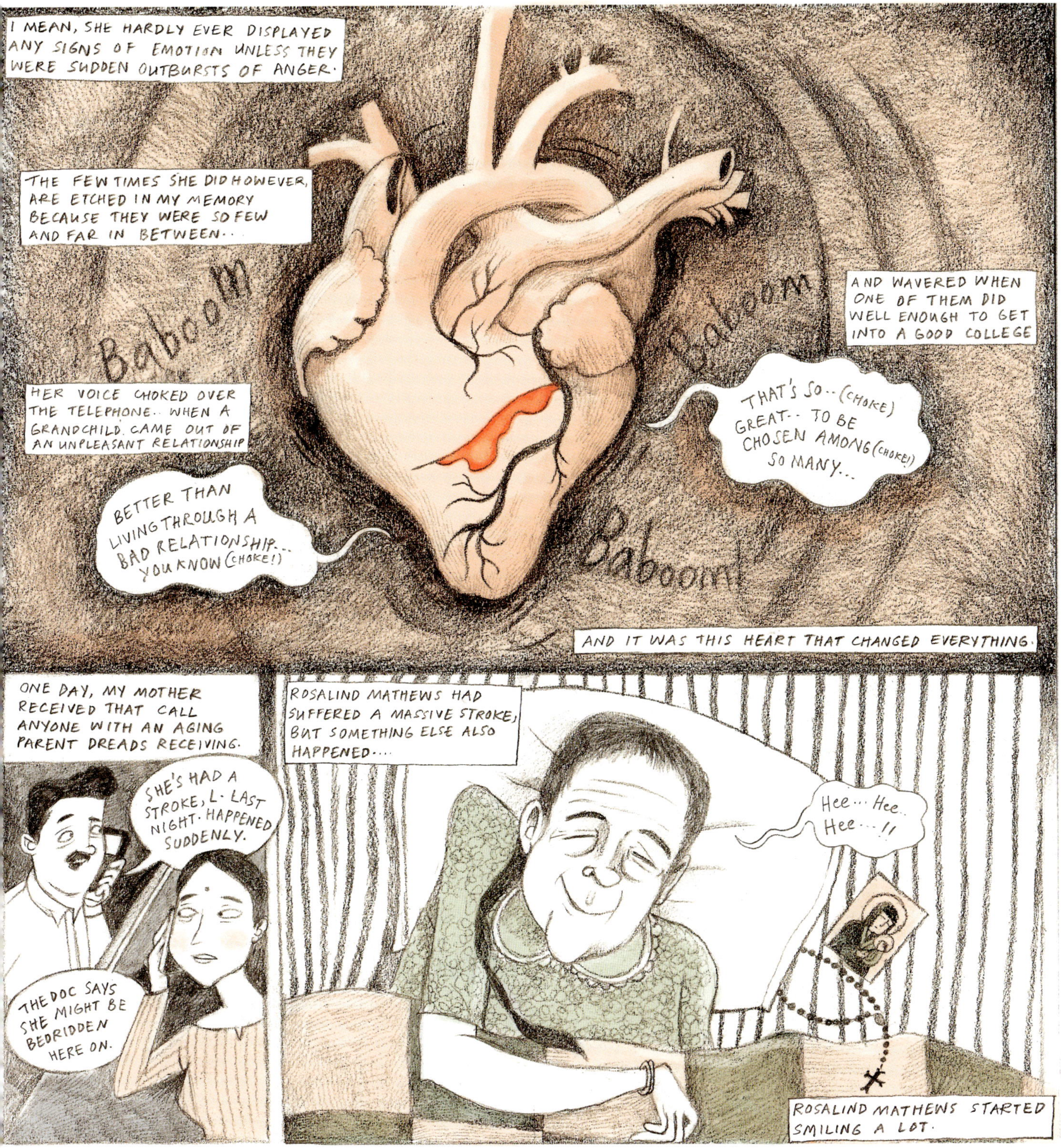
I MEAN, SHE HARDLY EVER DISPLAYED ANY SIGNS OF EMOTION UNLESS THEY WERE SUDDEN OUTBURSTS OF ANGER.
THE FEW TIMES SHE DID HOWEVER, ARE ETCHED IN MY MEMORY BECAUSE THEY WERE SO FEW AND FAR IN BETWEEN..
Baboom
Baboom
HER VOICE CHOKED OVER THE TELEPHONE.. WHEN A GRANDCHILD CAME OUT OF AN UNPLEASANT RELATIONSHIP
BETTER THAN LIVING THROUGH A BAD RELATIONSHIP... YOU KNOW (CHOKE!)
AND WAVERED WHEN ONE OF THEM DID WELL ENOUGH TO GET INTO A GOOD COLLEGE
THAT'S SO.. (CHOKE) GREAT.. TO BE CHOSEN AMONG (CHOKE!) SO MANY...
Baboom!
AND IT WAS THIS HEART THAT CHANGED EVERYTHING.
ONE DAY, MY MOTHER RECEIVED THAT CALL ANYONE WITH AN AGING PARENT DREADS RECEIVING.
SHE'S HAD A STROKE, L. LAST NIGHT. HAPPENED SUDDENLY.
THE DOC SAYS SHE MIGHT BE BEDRIDDEN HERE ON.
ROSALIND MATHEWS HAD SUFFERED A MASSIVE STROKE; BUT SOMETHING ELSE ALSO HAPPENED....
Hee... Hee.. Hee...!!
ROSALIND MATHEWS STARTED SMILING A LOT.

Ich meine, sie hat kaum jemals irgendeine Gefühlregung gezeigt, abgesehen von ihren Wutausbrüchen. / Die wenigen Male, als sie es doch tat, haben sich in mein Gedächtnis eingebrannt, weil sie so selten waren … / Ihre Stimme versagte, wenn eines ihrer Enkelkinder gerade eine unangenehme Beziehung beendet hatte. / *Besser, als eine schlechte Beziehung zu durchleben … weißt du (schluck!)* / Und bebte vor Freude, wenn einer von ihnen es schaffte, in ein gutes College aufgenommen zu werden. / *Das ist ja … (schluck) großartig … unter so vielen (schluck!) ausgewählt zu werden …* • Und es war dieses Herz, das alles veränderte. • Eines Tages erhielt meine Mutter den Anruf, den alle fürchten, deren Eltern älter werden. / *Sie hatte einen Herzinfarkt, l – letzte Nacht – passierte ganz plötzlich. / Der Arzt sagte, sie könnte ab jetzt bettlägerig sein.* • Rosalind Mathews erlitt einen ernstzunehmenden Herzinfarkt, doch geschah auch etwas anderes … / *Ha … ha … ha – !!* / Rosalind Mathews begann nun viel zu lächeln.

SHE DRIFTED BETWEEN LUCIDITY AND DREAMS AND IT WAS ALL MUCH TO THE AMUSEMENT OF HER CHILDREN.
HE.. HE WHY ARE YOU ALL STARING AT ME LIKE I'M A SPECIMEN? HE... HE
SHE'S ON A ROLL. SHE'S BEEN CRACKING JOKES SINCE YESTERDAY.
MOSTLY AT OUR EXPENSE
IT'S STRANGE.. I'VE NEVER SEEN HER THIS HAPPY BEFORE.
MY MOTHER WAS RIGHT. THIS WAS A COMPLETELY NEW ROSALIND.
MAYBE WE ALL NEED TO LOSE OUR MIND A LITTLE BIT TO BE TRULY HAPPY.

Sie schwankte zwischen Wachsein und Träumen und das alles zum Amüsement ihrer Kinder. / *Ha … ha. Warum starrt ihr mich alle an, als ob ich ein Museumsexponat wäre? Ha … ha. / Sie hat gerade einen Höhenflug. Sie haut seit gestern einen Witz nach dem anderen raus. / Meist auf unsere Kosten. / Es ist komisch … ich hab' sie noch nie so glücklich gesehen.* • Meine Mutter hatte Recht. Das hier war eine komplett neue Rosalind. • Vielleicht müssen wir alle ein wenig unseren Verstand verlieren, um wirklich glücklich zu sein.

ONE OF THE FIRST THINGS MY GRANDMOTHER DID WHEN SHE WAS WELL ENOUGH TO SIT UP, WAS GET HER HAIR CUT. AND I BEING THE 'ARTISTIC' ONE, HAD THE HONOUR OF GIVING HER THE HAIRCUT.
CUT IT SHORT OK? AS SHORT AS YOU CAN.
I THINK SHE LOOKED A BIT LIKE SINEAD O'CONNOR AFTER IT
NICE... NOW, HOW ABOUT DOING MY NAILS..
HER APPETITE SEEMED INSATIABLE AT TIMES
HEE HEE... I CAN SMELL BIRYANI BEING COOKED IN THE KITCHEN
PSS..T GO FIND OUT IF IT'S DONE
ISN'T IT TIME TO EAT?
AND IT WASN'T THAT FISH-HEAD SHE CRAVED.
HEE HEE GO SEE IF THE BIRYANI'S READY
ROSALIND MATHEWS, IT SEEMED, WAS SLOWLY SHEDDING HER OLD SELF
FOR THE FIRST TIME, SHE ALSO STARTED SPEAKING TO HER CHILDREN ABOUT HER MARRIAGE

Eines der ersten Dinge, die meine Großmutter tat, sobald sie sich wieder gut genug fühlte, um sich aufzusetzen, war, sich die Haare schneiden zu lassen. Und da ich die ‚Künstlerin' war, hatte ich die Ehre, ihr eine neue Frisur zu verpassen. / *Schneid' sie kurz, OK? So kurz wie's nur geht.* • Meiner Meinung nach sah sie danach ein wenig aus wie Sinead O'Connor. / *Gut … so, und jetzt die Nägel? …* • Ihr Appetit schien bisweilen unstillbar. / *Haha … Ich kann riechen, dass Biryani in der Küche gekocht wird.* • *Psst … schau doch mal, ob's schon fertig ist.* • *Ist nicht bald Essenszeit?* • Und es war kein Fischkopf, den sie wollte. / *Haha … schau' doch mal, ob das Biryani schon fertig ist.* • Rosalind Mathews schien allmählich ihr altes Selbst abzustreifen. / Zum ersten Mal sprach sie zu ihren Kindern über ihre Ehe.

SHE TOLD THEM ABOUT HOW MY GRANDFATHER SPOTTED HER AS A TEENAGER PASSING BY HIS HOUSE.
HELLO, ROSE HOW ARE WE TODAY?
UH OH!
HOW HE BEGAN TO WOO HER IN THEIR TINY HOMETOWN IN KERALA.
GRANT MEDICAL COLLEGE
GRANDMOTHER, EXTREMELY SERIOUS ABOUT HER CAREER REFUSED HIS ADVANCES AND WENT AWAY ALONE TO STUDY NURSING IN BOMBAY.
EMERGENCY
HEE-HEE WHO'S THIS ROSE?
ROSALIND, A VERY DARK MAN IS HERE TO MEET YOU
SAYS HE'S FROM YOUR VILLAGE
IT SEEMED MATHEWS WAS EXTREMELY PERSISTENT
HELLO, ROSE HOW ARE WE TODAY?
OH NO!
HE HAD LANDED UP IN BOMBAY
KUWAIT HOSPITAL
ROSALIND THEN GOT A GREAT JOB IN KUWAIT AND WENT OFF, ONCE AGAIN ON HER OWN STEAM.
HELLO, ROSE!
ONLY TO FIND THAT MATHEWS HAD FOLLOWED HER THERE AS WELL.
MARRY ME, ROSALIND!
THINGS WERE GETTING A BIT EMBARASSING, PEOPLE WERE TALKING AND ROSALIND WAS ALMOST 27.
Mathews & Rose
SO SHE JUST DECIDED TO MARRY HIM IN KUWAIT ONE FINE DAY.

Sie erzählte ihnen, wie mein Großvater sie als Teenager erblickte, als sie an seinem Haus vorbeiging. • *Hallo Rose, wie geht es uns heute? / Ähm, oh!* / Wie er anfing, sie zu umwerben in ihrem kleinen Heimatort in Kerala. • Großmutter, die ihre Karriere sehr ernst nahm, verweigerte sich seinen Avancen und ging fort, um alleine in Bombay Krankenpflege zu studieren. • Notaufnahme / *Rosalind, ein sehr dunkler Mann ist hier, um mit ihnen zu sprechen. / Sagt, er sei aus ihrem Dorf. / Hehe … wer ist das denn, Rose?* / Mathews schien sehr hartnäckig zu sein. • *Hallo Rose. Wie geht es uns heute? / Ach, nein!* / Er war nach Bombay gekommen. • Rosalind bekam dann einen tollen Job in Kuwait und ging wieder auf eigene Faust dorthin. • *Hallo Rose!* / Nur um festzustellen, dass Mathews ihr auch hierhin gefolgt war. • *Heirate mich, Rosalind!* / Allmählich wurde die Sache ein wenig peinlich, die Leute redeten schon und Rosalind war fast 27. • Also entschloß sie sich eines schönen Tages, ihn in Kuwait zu heiraten.

Vieles davon war ganz neu für die Familie. / *Kanntest du die Geschichte mit Bombay? / Nein, aber wenn man bedenkt, dass es sich um unseren Vater handelt, ist es sehr glaubwürdig. / Ich hatte mal was gehört, aber es war nie ganz sicher. / Wow! Ich dachte immer, sie ging nach Kuwait, nachdem Vater schon dort war!* • Familienklatsch verbreitet sich schnell. / *Und weiß du was? Er ist ihr anscheinend den ganzen Weg nach Kuwait gefolgt und flehte sie an, ihn zu heiraten … / Hmm … wow! Sie ging ganz alleine nach Kuwait . Hmm? Ma, es klingt fast so, als ob Großvater ihr nachgestellt hätte!* •

MUCH OF THIS WAS NEW TO THE FAMILY
DID YOU KNOW THIS STORY ABOUT BOMBAY?
NO, BUT CONSIDERING IT WAS OUR DAD, IT'S TOTALLY BELEIVABLE
I'D HEARD SOME THINGS, BUT WAS NEVER SURE.
WOW! I THOUGHT SHE WENT TO KUWAIT AFTER DAD!
FAMILY GOSSIP TRAVELS FAST
AND YOU KNOW, APPARENTLY HE FOLLOWED HER ALL THE WAY TO KUWAIT AND BEGGED HER TO MARRY HIM...
HMM.. WOW! SHE WENT OF TO KUWAIT ALL ON HER OWN HUH!? AND MA, IT ALMOST SOUNDS LIKE GRANDFATHER STALKED HER!
THERE WAS CLEARLY MUCH MORE TO THIS COUPLE THAN MET THE EYE. EACH TIME I CAME HOME FROM COLLEGE OR WORK TO VISIT MY PARENTS IN KERALA, NEW AND SURPRISING BITS OF INFORMATION WOULD SLIP OUT THROUGH CASUAL CONVERSATIONS. OFTEN LEAVING ME EVEN MORE PUZZLED. PERHAPS, WHAT FLUMMOXED ME THE MOST WAS HOW LITTLE MY MOTHER AND HER SIBLINGS HAD THOUGHT ABOUT THESE THINGS OVER THE YEARS.
HOW OFTEN DID YOU SEE YOUR PARENTS WHEN YOU WERE KIDS.
ONCE A YEAR. THEY WOULD COME DURING OUR SCHOOL VACATIONS.
BUT ONCE FATHER MOVED TO ENGLAND, FOR WORK, HE COULDN'T COME
IT WAS RIGHT AFTER YOUR YOUNGEST UNCLE WAS BORN. THAT'S WHEN I SAW HIM LAST....
WAIT.. SO YOU SAW HIM LAST WHEN YOU WERE 10!!?
BUT, HE DIED WHEN YOU WERE AROUND 24, RIGHT? AND YOU DIDN'T SEE HIM FOR THE REMAINING 14 YEARS HE WAS ALIVE? WHY??!!
WELL, HE WROTE TO US QUITE REGULARLY. IT WASN'T LIKE HE DISAPPEARED...
YES, BUT DIDN'T YOU WONDER WHY HE DIDN'T COME? 14 YEARS IS A LONG TIME. DIDN'T YOU ASK GRANDMOTHER? DIDN'T YOU ALL FEEL BAD ABOUT ALL OF THIS??
UMM... I DON'T KNOW.. WE WERE ALL JUST GROWING UP HAPPILY TOGETHER AT OUR AUNT'S, WITH ALL OUR OTHER COUSINS. IT NEVER REALLY OCCURED TO US TO ASK...
AND YOU KNOW YOUR GRANDMA. SHE ISN'T ONE TO TALK

Da steckte ganz klar mehr in diesem Pärchen, als auf den ersten Blick zu erkennen war. Jedes Mal, wenn ich vom College oder der Arbeit nach Hause kam, um meine Eltern in Kerala zu besuchen, kamen neue und überraschende Details in beiläufigen Gesprächen ans Licht, die mich noch ein wenig verblüffter zurückließen. Was mich vielleicht am meisten verwunderte, war, wie wenig meine Mutter und ihre Geschwister über diese Dinge all die Jahre lang nachgedacht hatten. • *Wie oft hast du denn deine Eltern gesehen, als ihr klein wart? / Einmal im Jahr besuchten sie uns während der Schulferien. • Aber nachdem Vater wegen der Arbeit nach England gezogen war, konnte er nicht mehr kommen. / Es war gleich, nachdem dein jüngster Onkel geboren wurde. Das war auch das letzte Mal, das ich ihn gesehen habe … • Warte mal … das heißt, du hast ihn das letzte Mal gesehen, als du 10 warst!!? • Aber er ist gestorben, als du 24 warst, oder? Und du hast ihn wirklich die letzten 14 Jahre seines Lebens nicht mehr gesehen? Aber warum??!! / Naja, er schrieb uns ziemlich regelmäßig … es war ja nicht, als ob er verschwand … • Ja, aber hast du dich denn nicht gewundert, warum er nicht mehr kam? 14 Jahre ist eine lange Zeit. Hast du denn nicht Großmutter gefragt? Hat dir das Ganze denn kein schlechtes Gefühl gegeben?? • Hmm … Ich weiß nicht – wir sind alle zusammen glücklich bei unserer Tante aufgewachsen, mit all unseren anderen Cousins. Es kam uns einfach nicht in den Sinn zu fragen … Und deine Großmutter erzählt ja nicht gerade viel …*

SOMEHOW, I COULDN'T WRAP MY HEAD AROUND ALL THIS. MAYBE IT WAS JUST A VERY DIFFERENT TIME. THINGS WERE QUIETLY TAKEN FOR GRANTED. HAD IT BEEN NOW...
What's on your mind
feeling blue :(Hubby can't make it for vacay again
POST
NAAH! I DOUBT ROSALIND WOULD EVER DO THAT!
COME TO THINK OF IT, I COULDN'T REMEMBER HER MENTIONING GRANDFATHER EVEN ONCE... NOT ONCE..
HMMM.. MAYBE HIS POPULARITY IRKED HER A BIT?
WHO WAS THIS PERSON, REALLY?
ROSALIND MATHEWS LONG SILENCE AROUND THIS, MADE THIS PUZZLE EVEN MORE INTRIGUING
BUT LITTLE DID WE KNOW WHAT WAS COMING NEXT

Irgendwie konnte ich all das nicht so recht begreifen. Vielleicht war es einfach eine ganz andere Zeit damals. Manche Dinge waren gewissermaßen selbstverständlich. Heutzutage allerdings … / *Was machst du gerade? / Bin traurig. Hubby schafft es diese Ferien leider nicht zu kommen.* / Posten / Neee! Ich bezweifle, dass Rosalind das je tun würde! • Wenn ich aber so darüber nachdenke, habe ich sie Großvater nie auch nur einmal erwähnen hören … kein einziges Mal … / *Hmmm … vielleicht hat sie sich ein wenig über seine Beliebtheit geärgert?* • Wer war eigentlich diese Person? • Rosalind Mathews langes Schweigen machte dieses Puzzle noch faszinierender. • Aber wir ahnten kaum, was als nächstes kam.

IT ALL STARTED LIKE THIS
HE'S HERE! AGAIN! ASK HIM TO LEAVE! PLEASE!
IS IT THE DEVIL SHE SEES?
ROSALIND WOULD WAKE UP FROM DEEP SLEEP TO THESE STRANGE VISIONS
NO, SHE SAYS... SHE SAYS IT'S HER HUSBAND SHE SEES...
HE'S STILL HERE HANGING ON THAT CORNER LIKE THE DEVIL!!
HER HUSBAND?
THE MAN SHE LOVED?
THE DEVIL?
FINALLY, ROSALIND SPOKE

Es begann alles folgendermaßen: / *Er ist wieder hier! Er soll fortgehen! Bitte! / Sieht sie den Teufel? /* Rosalind erwachte aus tiefem Schlaf und hatte diese seltsamen Visionen. • *Nein, sie sagt … sie sagt, sie sieht ihren Mann …* • *Er ist immer noch da, hängt da, wie der Teufel in der Ecke!!* • Ihr Mann? • Ihr geliebter Mann? • Der Teufel? • Schließlich erzählte Rosalind …

SHE SPOKE OF THE MAN'S SLOW DESCENT INTO ALCOHOLISM
THE MONEY HE SPENT ON HIS SUITS...
THE BILLS THAT HIS EXPENSIVE TASTES RAN
FRIENDS WHO TURNED INTO BAD DEBTORS
THE GAMBLING -- DESPITE MOUNTING FINANCIAL TROUBLES.
MUTUEL TICKET
RACE 6
No. 2
WHIRLAWAY
HORSE 6
AND THE POSSIBLE AFFAIR WITH A WHITE LADY WHICH TOOK HIM TO LONDON A LOT.
QUESTIONING ALL THIS WAS ONLY MET WITH RAGE...
LIKE THE TIME HE BASHED UP HIS BEEMER AFTER HE'D HAD A SPAT WITH HER.
CRASH!
"ONLY TO SPITE ME--- ONLY TO SPITE ME"

Sie erzählte, wie er langsam dem Alkohol verfiel ... • Von all dem Geld, das er für seine Anzüge ausgab ... • Von den Rechnungen, die sein feiner Geschmack verursachte. • Von Freunden, die ihnen Geld schuldeten. • Von der Spielsucht – trotz der zunehmenden finanziellen Probleme. • Und von einer möglichen Affäre mit einer Weißen, die ihn oft mit nach London nahm. / Wenn sie es wagte dies zu hinterfragen, wurde er wütend ... • Zum Beispiel als er seinen BMW zu Schrott fuhr, nachdem sie sich über eine Lappalie gestritten hatten. • „Nur um mich zu ärgern ... nur um mich zu ärgern".

OFTEN HIS MOODS WOULD SWING BETWEEN ERRATIC GESTURES OF LOVE AND EXTREME VIOLENCE. LIKE THE TIME HE BOUGHT HER AN EXPENSIVE SILK SAREE
WHY SUCH AN EXPENSIVE THING? WE CAN'T THROW MONEY DOWN THE DRAIN? LIKE THIS YOU KNOW!
#@ DOWN THE DRAIN!! I'LL SHOW YOU DOWN THE DRAIN!
GASP!
KLANG! KLANG
STOP! PLEASE!!
DOWN THE DRAIN MY #@
BUT THAT WAS NOT THE WORST
SWISH!
PHTACK!!
THIS WASN'T THE ONLY TIME THIS HAD HAPPENED
ROSALIND MATHEWS THEN DECIDED TO WALK OUT OF HER MARRIAGE

Seine Launen schwankten oft zwischen überschwänglichen Liebesbekundungen und extremer Gewalt. Wie das eine Mal, als er ihr einen teuren Seidensari gekauft hatte. / *Warum denn so einen teuren Sari? Wir können das Geld doch nicht so die Toilette hinunterspülen! Das weißt du doch!* • *Die Toilette hinunterspülen!! Ich geb' dir, die Toilette runterspülen! / Huch!* • *Hör auf! Bitte!! / Die Toilette runter …* • Aber das war nicht das schlimmste • Und es war nicht das einzige Mal, dass es geschah. • Rosalind Mathews beschloss schließlich sich zu trennen.

AFTER THAT I ONLY WENT FOR HIS FUNERAL IN LONDON YEARS LATER. I GAVE HIM A FINE FUNERAL.
IS THE BIRYANI DONE?
ALL THESE YEARS-- NOT ONCE DID SHE MENTION ALL THIS NOT ONCE!
HOW COME YOU NEVER TOLD US ALL ABOUT THE FACT THAT THEY WERE SEPARATED?
WELL, I MYSELF DIDN'T KNOW OF IT UNTIL MY MARRIAGE. NO ONE SPOKE ABOUT IT, YOU KNOW. IT WAS JUST QUIETLY INFERRED
WE ASSUMED IT HAD TO DO WITH SOME FINANCIAL DIFFERENCES BUT THE VIOLENCE --- WE HAD NO IDEA. NOT ONCE DID SHE SAY A BAD WORD ABOUT FATHER.
IMAGINE, IN THOSE DAYS IT WAS EVEN MORE DIFFICULT FOR A WOMAN WITH A FAILED MARRIAGE.
SUDDENLY, I RECOLLECTED THIS MOMENT, ONE SUMMER, WHEN SHE DELIVERED THIS STUNNER.
WHY DON'T YOU GET MARRIED? THESE DAYS THERE ARE BIRTH-CONTROL PILLS, YOU KNOW, NOT LIKE THE OLD TIMES...
I'D NEVER IMAGINED I'D HAVE A CONVERSATION WITH THE WORDS BIRTH CONTROL, WITH MY VERY CATHOLIC GRANNY.
BUT THE ENORMITY OF THAT STATEMENT ONLY HIT ME LATER.
AND MY HEART BROKE A LITTLE FOR THAT YOUNG LADY IN THE PICTURE.

Danach bin ich Jahre später nur zu seiner Beerdigung nach London gegangen. Ich habe ihm ein feines Begräbnis arrangiert. Ist das Biryani fertig? • *All die Jahre … nicht ein einziges Mal hat sie es erwähnt!* • *Warum hast du uns nie erzählt, dass sie sich getrennt hatten?* • *Naja, ich habe davon erst bei meiner Hochzeit erfahren. Niemand sprach darüber, weißt du. Es wurde einfach angenommen.* • *Wir vermuteten, dass es zu finanziellen Meinungsverschiedenheiten gekommen war. Aber die Gewalt … wir hatten ja keine Ahnung. Kein einziges Mal hat sie ein böses Wort über Vater fallen lassen. Stell' dir nur vor, damals war es noch schwieriger für eine Frau mit einer gescheiterten Ehe.* • Plötzlich erinnerte ich mich an diesen Moment eines Sommers, als sie mich sehr mit dem, was sie sagte, überraschte. / *Warum heiratest du denn nicht? Heutzutage gibt es doch die Anti-Baby-Pille, weißt du, nicht wie früher …* • Ich hatte ja nie damit gerechnet, mit meiner zutiefst katholischen Oma ein Gespräch über Empfängnisverhütung zu führen. / Aber die Tragweite dieser Aussage wurde mir erst später klar. / Und mein Herz brach ein wenig, als ich an die junge Dame in dem Bild dachte.

HOW QUICKLY AND CRUELLY I HAD JUDGED THIS WOMAN. ALL THESE YEARS SHE HAD SILENTLY BUILT THIS BUND TO PROTECT HER CHILDREN FROM THE DARK WATERS THAT HAD ENGULFED HER MARRIAGE....

Wie schnell und harsch habe ich über diese Frau geurteilt. All die Jahre hatte sie diesen Damm gebaut, um ihre Kinder vor den dunklen Gewässern zu schützen, die ihre Ehe umgeben hatte …

..AND WHAT I HAD SEEN AS AN ABANDOMENT WAS MOST LIKELY AN ACT OF KINDNESS

… und was ich als das Verlassen ihrer Kinder wahrgenommen hatte, war höchstwahrscheinlich Güte.

THE BUND HAD FINALLY BROKEN AFTER YEARS, BUT THE KIDS WERE ALRIGHT...
THE KIDS WERE ALRIGHT..
ALL THESE YEARS, I HAD ASSUMED I KNEW THIS WOMAN. I THOUGHT THE STORY THAT NEEDED UNRAVELLING WAS MY GRANDFATHER'S. BUT I WAS WRONG. THIS WAS THE STORY.

Der Damm war nach all den Jahren schließlich gebrochen, doch den Kindern ging es gut … / den Kindern ging es gut .·. / All die Jahre dachte ich, diese Frau zu kennen. Ich dachte, es sei die Geschichte meines Großvaters, die es zu enträtseln gab. Aber ich lag falsch. Das hier war die Geschichte.

POSTERITY OFTEN HAS A WAY OF CONVENIENTLY SPINNING A KINDER NARRATIVE, THAT OFTEN VEERS ON GLORIFICATION, FOR ITS CHILD-MEN
OH MATHEWS! NEVER AFRAID OF TAKING RISKS, YOU KNOW.
KRASH!!
... HA, HA.. AND THEN YOU KNOW, HE CRASHED HIS BRAND NEW BEEMER. MAD GUY!!
OH HE WAS EXTREMELY SOCIAL. LOVED HIS DRINK
I'VE OFTEN WONDERED WHAT PEOPLE WOULD SAY IF GRANDMOTHER HAD BEHAVED SIMILARLY
....
KRASH!!
....
....

Die Nachwelt spinnt der Einfachheit halber zumeist eine nettere Erzählung, die oft das unreife Verhalten des Mannes verherrlicht. / *Oh, Mathews! Er schreckte nie vor Risiken zurück, weißt du.* • *… Haha … und dann, weißt du, fuhr er seinen nagelneuen BMW zu Schrott, der verrückte Kerl!* • *Oh, er war so gesellig, trank gern mal ein Gläschen.* • Ich habe mich oft gefragt, was die Leute sagen würden, hätte sich meine Großmutter so benommen.

AT MY GRANDMOTHER'S FUNERAL, EMOTIONS WERE UNDERSTANDABLY RUNNING HIGH.
MY OLDEST AUNT WHO HAD OBVIOUSLY NOT INHERITED ROSALIND MATHEWS STOICISM, WAS SOBBING UNCONTROLLABLY. SHE PRODDED THE YOUNGEST GRANDCHILD.
OKAY NOW SING A SONG FOR GRANDMA! (SOB)
BUT I DON'T KNOW ANY SONGS!
THEN JUST TELL A JOKE, BOY!
I THINK ROSALIND MATHEWS WOULD HAVE LIKED THAT.
END

Auf der Beerdingung meiner Großmutter waren alle höchstemotional. / Meine älteste Tante, die scheinbar nicht Rosalind Mathews Stoizismus geerbt hatte, schluchzte unkontrolliert. Sie stupste das jüngste Enkelkind. / *So, jetzt, sing ein Lied für deine Oma! (schluchz)* / *Aber ich weiß kein Lied!* / *Dann erzähl' einfach einen Witz, Junge!* / Ich denke, Rosalind Mathews hätte das gefallen. / Ende.

ANZEIGEN

PORTRAITS
ALLER ART
LINE HOVEN

Florales
DER BLUMENLADEN
EPPENDORFER WEG 66
20259 HAMBURG

BÜCHER
Gestaltung
WWW.FORMLABOR.DE

www.iart.ch
FLOKK
PLATTFORM FÜR
INTERAKTIVE
LICHTLÖSUNGEN
Technologie
Medien
Kunst
MEGA FACES
KINETISCHE FASSADE
i art
Interaktion im Raum

WWW.SHINING-LABOR.DE
030-4489134
0172-9504003
KASTANIENALLEE 79 10435 BERLIN
2. HOF
SHINING-
LABOR
SIEBDRUCKWERKSTATT
Jens-Uwe Clauß

WWW.GERMAN-FINE-ARTS.COM INTERNETGALERIE FÜR ZEITGENÖSSISCHE KUNST

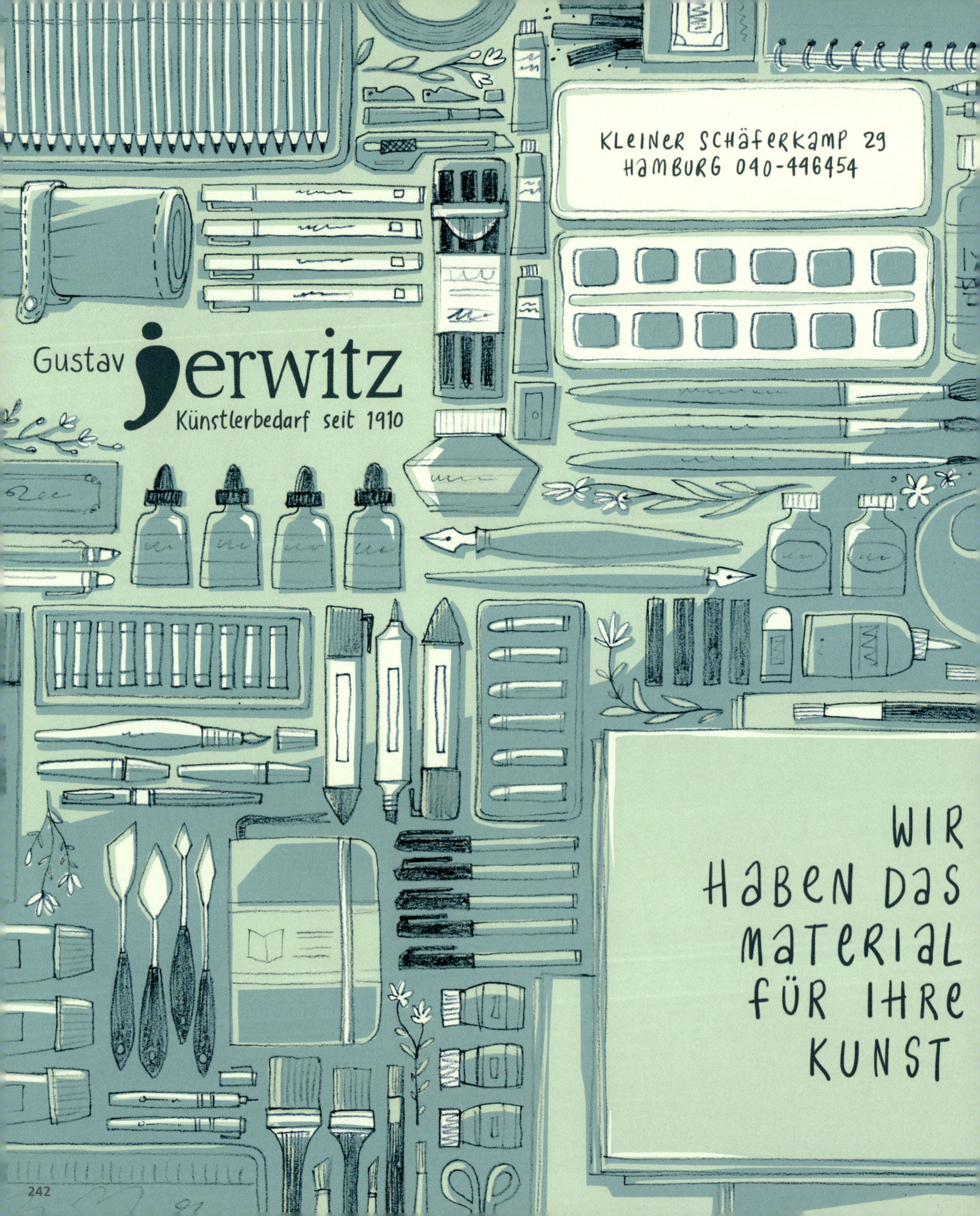
KLEINER SCHÄFERKAMP 29
HAMBURG 040-446454
Gustav Jerwitz
Künstlerbedarf seit 1910
WIR
HABEN DAS
MATERIAL
FÜR IHRE
KUNST

FEINKUNSTKRÜGER
CONTEMPORARY ART

Cafe
LilliSu
bio und mehr…
Öffnungszeiten:
Mo-Fr 9.00-19.00
Sa-So 10.00-19.00
Große Rainstr.18
22765 Ottensen
Tel: 040-3902491
info@lillisu.de
www.lillisu.de

DIE HAMBURGER FRAUENFAHRSCHULE
seit 1999
www.die-hamburger-frauenfahrschule.de

Fotografie
Zeichnung
Illustration
galerie-rothweiler.de

1. Hauptgeschäft
Oranienstraße 22
10999 BERLIN
2. Filiale
EUROPA CENTER
Tauentzienstr. 9-12
10789 BERLIN
Modern Graphics
comics & more
onlineshop
www.modern-graphics.de

el rojito
KAFFEE SOLIDARISCH

Gabriele Fink Stiftung
GEORGSPLATZ 10
20099 HAMBURG
Tel: 040-350 199 71
www.gabrielefinkstiftung.de
3

BOOKS
MODERN
COHEN & DOBERNIGG
Buchhandel
KOMPETENT
UND ENTSPANNT
READ
ONLINESHOP:
WWW.CODOBUCH.DE
STERNSTRASSE 4
20357 HAMBURG
TEL. 040-40185110
BUCH@CODOBUCH.DE

SCHANZENBUCH
BUCHHANDLUNG IM SCHANZENVIERTEL GmbH
LITERATUR & POLITIK
SCHULTERBLATT 55
20357 HAMBURG

BILDERBUCH MUSEUM
BURG WISSEM TROISDORF www.bilderbuchmuseum.de

www.comicseminar.de
Comic-Seminar Erlangen
seit 1986 jährlich
Paul Derouet
contact@contours-art.de

Logbuch
in der Überseestadt
Robinson Crusoe
Logbuch Literatur & Design
Konsul-Smidt-Straße 8q
28217 Bremen
Mo-Fr 11-18, Sa 10-13 Uhr
Tel.: 0421.69193841
www.logbuchladen.de

ORIGINALS & FINE ART PRINTS
WWW.
PORT-OF-ART.
COM
BY PROFESSIONAL ARTISTS & ART STUDENTS
autonomous market for emerging art

2 AGENTEN
AGENTUR FÜR ILLUSTRATION
WWW.2AGENTEN.COM

MUNDO AZUL
INTERNATIONAL CHILDREN'S BOOKS
CHORINER STRASSE 49, 10435 BERLIN
http://shop.mundoazul.de
www.facebook.com/internationalchildrensbookshop

Classic Cycles
Stahlrenner
Hollandräder
Klappräder
Oldtimer
www.classic-cycles.net
Neuer Kamp 30
Hamburg
040-87508297

Illustration: Franziska Walther

ZEICHNERINNEN

Anpu Varkey Eine Voyeurin, eine Bummlerin süchtig nach Höhen, Zeitreisen und öden, kargen Landschaften. Anpu Varkey (1980) bemalt Oberflächen, – Leinwände und Papier, aber auch Wände und Gehsteige. Sie malt bereits seit über einem Jahrzehnt im Großformat. Sie wurde stark von der Urban Street Art und DIY Culture beeinflusst, die in den Studios, die sie mit anderen einige Jahre lang in Bremen teilte, präsent war. Sie zog 2011 nach Delhi, wo sie (und auch in ganz Indien) an diversen Street Art Projekten teilnahm und diese auch mitorganisierte. Ihren ersten Comic ‚Jaba', der einen Tag im Leben ihrer Katze nacherzählt, hat sie 2014 in Eigenverlag veröffentlicht. **Anpu Varkey** A voyeur, a drifter who is addicted to heights, time travel and insipid barren landscapes. Anpu Varkey (1980) is a painter of surfaces, from canvases and paper to walls and pavements. She has been painting in the large scale format for over a decade. Having lived in Bremen for a couple of years, she was highly influenced by the urban street art and DIY culture that was prevalent in the studio space she co-inhabited. She moved to Delhi in 2011 and has co-organised and participated in street art projects within the city and around India. Her first comic 'Jaba' was self published in 2014, it traces a day in the life of her companion cat. **anpuvarkey.wordpress.com**

Archana Sreenivasan (1978) ist eine Illustratorin aus Bangalore, Indien. Sie arbeitet großenteils mit Verlagen und Magazinen, illustriert Kinderbücher, Buchcover und redaktionelle Texte. Sie hat auch einige Comic-Projekte gezeichnet. Nach ihrer Katze darf man sie nicht fragen, sonst hört sie nicht mehr auf zu reden. **Archana Sreenivasan** (1978) is an illustrator based in Bangalore, India. She works mostly with publishing houses and magazines, illustrating for children's books, book covers and editorial pieces. She has also worked on a few comic illustration projects. Don't ask about her cat, or she wont stop talking. **archanasreenivasan.com**

Barbara Yelin, geboren 1977 in München, studierte Illustration an der Hamburger Hochschule für Angewandte Wissenschaften. Die Graphic Novel ‚Gift', mit dem Autor Peer Meter, erschien bei Reprodukt, Berlin 2010, ebenso ihr jüngstes Buch ‚Irmina' (2014), das mit einer Reihe von Preisen ausgezeichnet und in Französische und Englische übersetzt wurde. Als Workshopleiterin und Comic-Bloggerin für das Goethe-Institut und andere kulturelle Institutionen bereiste sie zum Lehren und Arbeiten Orte wie den Kosovo, Kairo, Delhi und Tel Aviv. Sie lebt und arbeitet in München. **Barbara Yelin**, born 1977 in Munich, studied illustration at the Hamburg University of Applied Sciences. The graphic novel 'Gift', with author Peer Meter, was published by Reprodukt, Berlin 2010, as well as her most recent book 'Irmina' (2014), which has been awarded a number of prizes and translated into French and English. On assignments as a workshop instructor and comics blogger for the Goethe-Institut and other cultural associations she has been traveling and working as well as teaching in places like the Kosovo, Cairo, Delhi and Tel Aviv. She lives and works in Munich. **barbarayelin.de**

Garima Gupta arbeitet in erster Linie im Bereich Illustration und Animation. Sie machte 2007 ihren Abschluss am National Institute of Design in Ahmedabad. 2012 wurde sie für einen Künstleraufenthalt in New York ausgewählt, wo sie auch später ihre Werke ausstellte. Zurzeit arbeitet sie außerhalb von Mumbai an einem Projekt ‚Project Bambai' und ihrer ersten Independent-Graphic Novel über ihre Reise durch Neuguinea. **Garima Gupta** works predominantly in the area of illustration art and animated videos. Garima completed her graduation at the National Institute of Design, Ahmedabad in 2007. In 2012, she was selected to be a part of a residency program in New York, where her print work was later exhibited. Garima currently works out of Mumbai where she runs an art project called 'Project Bambai'. She is currently working on her first independent graphic novel about her travels in New Guinea. **garimagupta.net, projectbambai.com**

IS IT BETTER TO READ OR TO DRAW ?

Katrin Stangl, geboren 1977, hat in Leipzig an der Hochschule für Grafik und Buchkunst studiert. In unterschiedlichen Techniken bebildert sie eigene und fremde Texte. Für ihre Druckgrafiken und Illustrationen wurde sie mehrfach ausgezeichnet. Sie lebt mit ihrer Familie in Köln. **Katrin Stangl** was born in 1977. She studied at the Academy of Visual Arts (Hochschule für Grafik und Buchkunst) in Leipzig. She creates images for both her own and other people's texts using a wide variety of techniques. Stangl has received numerous awards for her prints and illustrations. She lives, together with her family, in Cologne. **katrinstangl.de**

Kaveri Gopalakrishnan (1988) ist eine unabhängige Comickünstlerin und Illustratorin aus Bangalore, Indien. Ihr Kurzcomic ‚Before you step out' wurde in The Hindu Blink's anniversary issue ‚15 writers to watch out for in 2015' veröffentlicht und auf dem Jaipur Literaturfestival 2015 verteilt. Ihre Kurzgeschichte ‚Basic Space' (2015) wurde in der Anthologie von Zubaan Books (Indien) und AdAstra Comix (Nordamerika) veröffentlicht. Kaveri bloggt über ihre Reisen zwischen Stadt und Land, macht kurze, persönliche Comics mit Themen über unsere Beziehung zu Natur, Selbstverständnis und städtischen Räumen. Sie schafft die Webcomics-Serie ‚Urban Lore Comics' und ‚#NewAgeWisdomEtc.' **Kaveri Gopalakrishnan** (1988) is an independent comics-maker and illustrator from Bangalore, India. Her short graphic story 'Before You Step Out' was published in The Hindu BLink's anniversary issue '15 Writers to Watch Out for in 2015', and distributed at the 2015 Jaipur Literature festival. Her short story 'Basic Space' (2015) is a part of the 'Drawing the Line' anthology by Zubaan Books (India) and AdAstra Comix (Northern America). Kaveri regularly micro-blogs while travelling between city and countryside; making short, personal comics on themes of our relationship with nature, self-understanding and urban spaces. She is creator of online webcomic series UrbanLore Comics, and '#NewAgeWisdomEtc'. **kaverigeewhiz.tumblr.com**

Kruttika Susarla ist eine Illustratorin, Graphic Designerin und Comic-Künstlerin, die in und außerhalb von Delhi arbeitet. In ihrer Freizeit skizziert sie gerne Leute im Freien und / oder zeichnet Briefe. **Kruttika Susarla** is an illustrator, graphic designer and comic maker currently living and working out of New Delhi. In her personal time she likes sketching people outdoors and / or drawing letters. **kruttika.com | Blog: kruttika.tumblr.com | Instagram: @kruttika**

Larissa Bertonasco, *1972 in Heilbronn, arbeitet als freischaffende Illustratorin und Zeichnerin in Hamburg und ist seit der Gründung von SPRING mit dabei. 2014 leitete sie zusammen mit Ludmilla Bartscht und Priya Kuriyan den Workshop ‚Drawing attention' in New Delhi, an dem 15 indische Zeichnerinnen teilnahmen und Bildgeschichten zum Thema ‚gender issues' entwickelten. Das Buch ‚Drawing the Line' und nun auch die aktuelle Zusammenarbeit mit indischen Zeichnerinnen für dieses Springheft ist aus dieser Begegnung heraus entstanden. **Larissa Bertonasco**, born 1972 in Heilbronn, works as a freelance illustrator and graphic artist in Hamburg and is part of SPRING since its founding. In 2014 she initiated the workshop 'Drawing attention' together with Ludmilla Bartscht and Priya Kuriyan in New Delhi, which was attended by 15 Indian cartoonists, who created comics around the topic of 'gender issues'. The book 'Drawing the Line' and also the collaboration with Indian illustrators for this current issue of SPRING originate in this encounter. **bertonasco.de**

Ludmilla Bartscht (1981, Freiburg) studierte Visuelle Kommunikation und Illustration an der UdK Berlin, HSLu Luzern und HAW Hamburg, Diplom 2012. Herausgeberin von diversen Comic-Magazinen (Plusplus, STRAPAZIN). Max und Moritz-Preisträgerin ‚Beste studentische Publikation' Comic-Salon Erlangen 2008. Von Mai 2012 bis Januar 2013 zeichnete sie den täglichen Comic-Strip ‚Der Findling' für die Frankfurter Rundschau. Ausstellungen im In- und Ausland. Sie arbeitet als freischaffende Künstlerin, Illustratorin, Comiczeichnerin und Dozentin. Ergänzungsstudium an der FHNW Basel in Kunst und Vermittlung. Inzwischen lebt sie wieder in ihrer Heimatstadt Freiburg. SPRING-Mitglied seit 2009. **Ludmilla Bartscht** (1981, Freiburg Germany) studied Visual Communication and Illustration at the UdK Berlin, HSLu Luzern (CH) and HAW Hamburg, attaining a degree there in 2012. Co-editor of a number of comic magazines (Plusplus, STRAPAZIN). In 2008, she was awarded the Max und Moritz award at the Comic-Salon in Erlangen as 'Best student publication'. Between May 2012 and January 2013 she drew a daily comic called 'Der Findling' for the Frankfurter Rundschau. Working as a fine artist, illustrator, cartoonist and lecturer, she has participated in exhibitions both in Germany and abroad. Complementary studies at the FHNW Basel in Art and the Mediation of Art. She's been a member of SPRING since 2009 and now lives, once again, in her hometown Freiburg. **ludmilla-bartscht.de**

marialuisa, geboren 1974 in Buenos Aires, hat Illustration an der HAW Hamburg studiert. Ihr künstlerischer Stil bewegt sich zwischen freier und erzählerischer Zeichnung – zu sehen sind ihre Arbeiten seit 2001 in Büchern, Zeitungen und zahlreichen Ausstellungen im In- und Ausland. Sie ist seit der ersten Ausgabe Mitglied von SPRING. marialuisa lebt in Hamburg. **marialuisa** was born in Buenos Aires in 1974. She studied Illustration at the HAW Hamburg. Her artistic approach varies between a rather free and a more narrative drawing style.. Since 2001, her drawings have appeared in books, newspapers as well as numerous exhibitions, both here, in Germany and abroad. She has been an integral part of SPRING since it was founded. marialuisa lives and works in Hamburg. **marialuisa.de**

Nina Pagalies, 1971 in Hamburg geboren, studierte an der HFK Bremen und lebt als freischaffende Illustratorin in Berlin. Sie arbeitet medienübergreifend für Zeitschriften, Verlage, kulturelle Institutionen und nimmt regelmäßig Lehraufträge an. Aktuelles Projekt: eine digitale Stadtspielbuch-Reihe als iBook für das iPad, hervorgegangen aus der Arbeit für die mehrfach ausgezeichnete Internetseite: www.wortwusel.net **Nina Pagalies**, born in 1971 in Hamburg, studied at the HFK Bremen and lives as a freelance illustrator in Berlin. She works across media for magazines, publishing houses, cultural institutions and regularly participates in teaching. Current project: a digital city game book series as ibook for the iPad, originating in the work of the award-winning website: **www.wortwusel.net, pagalies.com**

Prabha Mallya wurde 1984 geboren und ist in Goa aufgewachsen. Sie studierte Visuelles Kommunikationsdesign am IIT Kanpur, Indien und Illustration am SCAD Savannah, USA. Seit 2009 illustriert sie Bücher und schuf Kurzcomics für diverse Magazine und Anthologien. Sie lebt in Stanford, Kalifornien und wird regelmäßig in und um Bangalore gesehen. **Prabha Mallya** was born in 1984, and spent her childhood in Goa. She studied visual communication design at IIT Kanpur, India, and illustration at SCAD, Savannah, USA. Since 2009, she has been illustrating for books and creating short comics for several magazines and anthologies. She lives in Stanford, California, and is frequently spotted in and around Bangalore. **crabbits.wordpress.com, fishkitty.tumblr.com**

Priya Kuriyan ist Kinderbuchillustratorin, Comic-Künstlerin und Trickfilm-Zeichnerin. Als Absolventin des National Institutes of Design Ahmedabad hat sie bei Lehrvideos für die Sesamstraße Indien und die Children's Film Society of India (CFSI) Regie geführt. Sie hat zahlreiche Kinderbücher für diverse indische Verlage illustriert. Neben ihren Beiträgen für Comic-Anthologien, wie ‚Pao anthology' (Penguin books) und ‚Eat the sky drink the ocean' (Zubaan books), sind ihre Comics in Zeitungen wie The Indian Express, Hindu Business Line und India Today erschienen. Sie lebt zurzeit in New Delhi und füllt ihre Skizzenbücher mit lustigen Karikaturen seiner Bewohner. **Priya Kuriyan** is a children's book illustrator, comic book artist and an animator. A graduate of the National Institute of design (Ahmedabad), she has directed educational films for the Sesame street show (India) and the Children's Film Society of India (CFSI). She has illustrated numerous children's books for various Indian publishers. Apart from contributing to comic book anthologies like the 'Pao anthology' (Penguin books) and 'Eat the sky drink the ocean' (Zubaan books), her short comics have appeared in newspapers like The Indian express, Hindu business line and India Today. She currently lives in New Delhi, filling her sketchbooks with funny caricatures of its residents. You can see her work at **kuriyanmakeskomics.tumblr.com, priyakuriyan.blogspot.com, pkuriyan.blogspot.com**

Reshu Singh (1991) ist eine Illustratorin und visuelle Künstlerin. Sie studierte Angewandte Kunst am College of Art, Neu Delhi. Seit ihrem Abschluss 2012 arbeitet sie bei Turmeric Design (Graphic Design Studio in Neu Delhi), wo sie Wandbilder gemalt, Interior Graphics designt und Buchcover illustriert hat. Ihren Comic ‚The Photo' hat sie in der Frauen-Comic-Anthologie ‚Drawing the Line' (Zubaan Books, 2015) veröffentlicht. Ihre Zeichnungen werde gerade in der Ausstellung ‚Comic Creatrix: 100 Women Making Comics' im House of Illustration London ausgestellt. Sie liebt es mit Tinte zu arbeiten und allen erdenklichen Arten von Zeichen zu setzen. **Reshu Singh** is an illustrator and visual artist, born in 1991. She studied Applied Art at College of Art, New Delhi. Since graduation in 2012, she worked at Turmeric Design (graphic design studio in New Delhi) where she has drawn murals, designed interior graphics and illustrated book covers. She has published her comic 'The Photo' in 'Drawing the Line' all-women comics anthology (Zubaan Books, 2015). She is currently exhibiting at 'Comix Creatrix: 100 Women Making Comics' (House of Illustration, London, 2016). She enjoys working with ink and all possible ways of mark-making. **reshusingh.com**

Stephanie Wunderlich hat an der FH Augsburg und der ISIA Urbino studiert und mit einem Diplom in Kommunikationsdesign abgeschlossen. Von Hamburg aus ist sie für internationale Magazine und Buchverlage tätig und unterrichtet Illustration – derzeit an der HAW Hamburg. Ihre bevorzugte Technik ist der Scherenschnitt. Sie fertigt ihre Arbeiten mit digitalen und analogen Mitteln (Schere und Kleber). Ihre Arbeit wurde vom Art Directors Club Deutschland, American Illustration und 3x3 Magazin ausgezeichnet. **Stephanie Wunderlich** studied Communication Design at both FH Augsburg and ISIA Urbino and graduated with a degree in communication design. Based in Hamburg she works as a freelance illustrator for international magazines and publishers of books. She also teaches illustration, currently at the University of Applied Science Hamburg. Her favourite medium is paper collage. She creates her illustrations using digital as well as analog techniques (scissors and glue). She's received awards from Art Directors Club Germany, American Illustration and 3x3 Magazine. **wunderlich-illustration.de**

Ulli Lust, geboren 1967, emigrierte 1995 von Wien nach Berlin. Seither zeichnet sie Reportagen mit pointierten Beobachtungen aus dem modernen Alltag. Im Herbst 2009 erschien ein umfangreicher Comic über ihre Jugendzeit, in dem sich Reise- und Schelmenroman mit einem existentiellen Teenagerdrama verbinden: ‚Heute ist der letzte Tag vom Rest Deines Lebens' (avant-verlag). Das Buch wurde in mehrere Sprachen übersetzt und mit Preisen ausgezeichnet, darunter der Prix de Révélation des Comicfestivals in Angoulême. 2013 erschien ‚Flughunde' im Suhrkamp-Verlag, eine Comicadaption des gleichnamigen Romans von Marcel Beyer. Seit September 2013 lehrt sie als Professorin Comic und Illustration an der Hochschule Hannover. **Ulli Lust** born 1967 in Vienna, moved to Berlin in 1995, where she studied graphic design and now lives as a cartoonist. Her published work includes pieces of comics journalism featuring printed observations on modern life. Her most successful graphic novel 'Today is the last day of the rest of your life' was translated into ten languages and won several awards. In 2013 'Flughunde' was released at Suhrkamp Verlag, an adaptation of the eponymous novel by Marcel Beyer. Besides drawing comics she is running the screen-comic-publisher www.electrocomics.com, which publishes e-books and online comics by an ever-increasing group of international cartoonists. Since 2013 she is a professor for comics and illustration at the University of Applied Sciences and Arts of Hannover. **ullilust.de, electrocomics.com**

Puppy Hijack; Adieu Nrityagram. (anpu) / Welpen-Entführung; Adieu Nrityagram.

Das Magazin **SPRING** wurde 2004 von der gleichnamigen Künstlerinnengruppe in Hamburg gegründet. Seitdem erscheint jedes Jahr im Sommer ein neuer Band der Anthologie, der die unterschiedlichsten Arbeiten aus den Bereichen Comic, Illustration und freier Zeichnung zu jeweils einem Thema bündelt. **SPRING** ist nicht-kommerziell und selbstverwaltet. Die Gruppe besteht seit Beginn ausschließlich aus Frauen und ist mittlerweile ein solides und wichtiges Netzwerk für Zeichnerinnen.

SPRING magazine was founded in Hamburg, Germany, in 2004 by the identically named collective of women artists. Every year since then, the group has published a new monothematic issue of the anthology, which is an unusual combination of comics, illustration and free drawing, realised using a wide variety of visual narrative techniques. **SPRING** is independent and non-commercial. Since its beginning, the group has consisted only of women and has become a solid and important network for women artists.

Mit freundlicher Unterstützung der Frankfurter Stiftung maecenia
www.maecenia-frankfurt.de

Frankfurter Stiftung: maecenia für Frauen in Wissenschaft und Kunst

Das Treffen der Zeichnerinnen in Nrityagram wurde unterstützt
vom Goethe-Institut / Max Mueller Bhavan New Delhi.

GOETHE INSTITUT MAX MUELLER BHAVAN

Umschlaggestaltung: Prabha Mallya, Bangalore
Illustrationen: Ludmilla Bartscht (Seite 2), marialuisa (4, 160), Prabha Mallya (3, 5, 9, 257, 264), Barbara Yelin (6), Priya Kuriyan (6, 7), Archana Sreenivasan (8), Anpu Varkey (263)

Übersetzung:
Nadja Gebhardt, Berlin
Deborah S. Phillips, Berlin
Michael Waaler, Hamburg

Lektorat: Nadja Gebhardt, Berlin
Layout und Produktion: Sandra Meifarth, Berlin

Druck: beltz Grafische Betriebe, Bad Langensalza

Im Vertrieb des mairisch Verlags
[mairisch 53]
ISBN 978-3-938539-39-2

www.mairisch.de
www.springmagazin.de